대한민국 법령 시리즈 90

기술보증기금법

법령
시행령
시행규칙

해광출판사

머리말

이 책은 방대한 법전을 보지 않고 간편하게 해당되는 법령만 참고해서 볼 수 있도록 하였습니다. 공공기관이나 관련 종사자들이 쉽고 간편하게 해당 법령을 참조 할 수 있도록 하였습니다.

특히 해당법률은 물론 관련 시행령, 시행규칙을 함께 실어 관련법을 서로 참고할 수 있게 하였습니다.

법률이라는 것이 크든 작든 항상 변하는 관계로, 출간 이후의 정확하고 최신의 법률은 법제처 국가법령정보센터에서 확인이 가능하니 법률의 실제 적용 시 확인이 필요한 점 유의하기를 바랍니다.

편집부

* 수록 법률은 법제처 국가법령정보센터에서 확인 가능합니다.
* 발행일 기준 시행 법률이므로 최신 법령은 위 센터에서 볼 수 있습니다.
* 본 책자에 수록된 법률의 문구에 대하여 법적인 효력은 없으며,
  실제 적용 법률은 위 센터에서 최신의 법률로 확인하시기 바랍니다.
* 해당 법령과 함께 시행령, 시행규칙도 수록되어 있습니다.
* 발행일 기준으로 개정 예정 법률은 밑줄로 별도 표시되어 있으며,
  보다 정확한 것은 법제처에서 확인하기 바랍니다.

목차

기술보증기금법

[시행 2023. 4. 19.] [법률 제19014호, 2022. 10. 18., 일부개정]

**개정 예정 법률 밑줄 별도 표시.

기술보증기금법

[시행 2023. 4. 19.] [법률 제19014호, 2022. 10. 18., 일부개정]

제1장 총칙 〈개정 2011. 5. 19.〉

제1조(목적) 이 법은 기술보증기금을 설립하여 기술보증제도를 정착·발전시킴으로써 신기술사업에 대한 자금의 공급을 원활하게 하고 나아가 지역균형발전 및 국민경제의 균형적 발전에 이바지함을 목적으로 한다. 〈개정 2016. 3. 29., 2021. 10. 19.〉

[전문개정 2011. 5. 19.]

제2조(정의) 이 법에서 사용하는 용어의 뜻은 다음과 같다. 〈개정 2012. 3. 21., 2016. 3. 29., 2019. 8. 20., 2021. 10. 19., 2022. 10. 18.〉

1. "신기술사업자"란 기술을 개발하거나 이를 응용하여 사업화하는 중소기업(「중소기업기본법」 제2조에 따른 중소기업을 말한다. 이하 같다) 및 대통령령으로 정하는 기업과 「산업기술연구조합 육성법」에 따른 산업기술연구조합을 말한다.

2. "기업"이란 사업을 하는 개인 및 법인과 이들의 단체를 말한다.

3. "금융회사"란 다음 각 목의 어느 하나에 해당하는 것을 말한다.

가. 「은행법」 제2조제1항제2호에 따른 은행

나. 「한국산업은행법」에 따른 한국산업은행

다. 「중소기업은행법」에 따른 중소기업은행

라. 「한국수출입은행법」에 따른 한국수출입은행

마. 「자본시장과 금융투자업에 관한 법률」에 따른 신탁업자

바. 「농업협동조합법」 제161조의11에 따른 농협은행

사. 「수산업협동조합법」 제141조의4에 따른 수협은행

아. 기업에 자금을 융통하는 것을 업(業)으로 하는 자로서 대통령령으로 정하는 자

4. "기술보증"이란 신기술사업자가 부담하는 다음 각 목의 금전채무를 보증하는 것을 말한다.

가. 「여신전문금융업법」에 따른 신기술사업금융업자 또는 금융회사(이하 "금융회사등"이라 한다)로부터 자금의 대출·급부 등을 받음으로써 금융회사등에 대하여 부담하는 금전채무

나. 그 밖에 대통령령으로 정하는 금전채무

5. "신용보증"이란 상시 사용하는 종업원이 1천명 이하이고 총자산액이 1천억원 이하인 기업이 부담하는 다음 각 목의 금전채무를 보증(기술보증은 제외한다)하는 것을 말한다.

가. 금융회사로부터 자금의 대출·급부 등을 받음으로써 금융회사에 대하여 부담하는 금전채무

나. 그 밖에 대통령령으로 정하는 금전채무

6. "재보증"이란 기술보증기금이 제28조의2제1항에 따른 원보증자(原保證者)가 보증(이하 "원보증"이라 한다)한 보증채무 이행금액의 범위에서 이를 보전(補塡)하여 주는 것을 말한다.

7. "채권자"란 기술보증기금이 보증을 한 채무의 채권자를 말한다.

8. “기본재산”이란 기술보증기금이 업무수행을 위하여 그 재산적 기초로서 출연 또는 그 밖의 방법으로 조성한 재산을 말한다.

9. “유동화회사보증”이란 기술보증기금이 「자산유동화에 관한 법률」에 따라 설립된 유동화전문회사(이하 “유동화회사”라 한다)가 부담하는 금전채무를 제28조의3제1항에 따라 보증하는 것을 말한다.

10. “보증연계투자”란 기술보증기금이 제28조의4제1항에 따라 신기술사업자에게 투자하는 것을 말한다.

11. “중소기업팩토링”이란 기술보증기금이 중소기업의 매출채권(물품 또는 용역을 제공하고 취득한 채권을 말한다)을 상환청구권 없이 매입하여 해당 중소기업에 자금을 제공하고, 그 매출채권의 만기일에 채무자로부터 대금을 회수하는 업무를 말한다.

[전문개정 2011. 5. 19.]

제3조 삭제 〈1999. 1. 29.〉

제2장 삭제 〈1997. 8. 28.〉

제4조 삭제 〈1997. 8. 28.〉

제5조 삭제 〈1997. 8. 28.〉

제6조 삭제 〈1997. 8. 28.〉

제7조 삭제 〈1997. 8. 28.〉

제8조 삭제 〈1997. 8. 28.〉

제9조 삭제 〈1997. 8. 28.〉

제10조 삭제 〈1997. 8. 28.〉

제11조 삭제 〈1997. 8. 28.〉

제3장 기술보증기금 〈개정 2016. 3. 29.〉

제1절 설립 등 〈개정 2011. 5. 19.〉

제12조(기금의 설립) ① 담보능력이 미약한 기업의 채무를 보증하게 하여 기업에 대한 자금 융통을 원활하게 하기 위하여 기술보증기금(이하 "기금"이라 한다)을 설립한다. 〈개정 2016. 3. 29.〉

② 기금은 법인으로 한다.

[전문개정 2011. 5. 19.]

제13조(기본재산의 조성) ① 기금의 기본재산은 다음 각 호의 재원(財源)으로 조성한다.

1. 금융회사등의 출연금
2. 정부의 출연금
3. 제1호 및 제2호 외의 자의 출연금

② 제1항제2호의 정부의 출연금의 예산은 중소벤처기업부 소관으로 한다. 〈개정 2017. 7. 26.〉

③ 금융회사등은 해당 융자금에 대하여 연율(年率) 1천분의 3을 초과하지 아니하는 범위에서 금융위원회와 협의하여 중소벤처기업부령으로 정하는 비율에 따른 금액을 기금에 출연하여야 한다. 다만, 제2조제3호바목 및 사목에 따른 농협은행 및 수협은행의 경우에는 그 비율을 달리 정할 수 있다. 〈개정 2019. 8. 20., 2023. 1. 3.〉

④ 제3항에 따른 융자금의 범위, 출연의 방법 및 시기, 그 밖에 출연에 관하여 필요한 사항은 금융위원회와 협의하여 중소벤처기업부령으로 정한다. 〈개정 2017. 7. 26.〉

[전문개정 2011. 5. 19.]

제14조(본점, 지점, 출장소 및 대리점) ① 기금은 정관으로 정하는 바에 따라 본점을 둔다.

② 기금은 정관으로 정하는 바에 따라 필요한 곳에 지점, 출장소 또는 대리점을 둘 수 있다.

[전문개정 2011. 5. 19.]

제15조(정관) ① 기금의 정관은 제17조에 따른 운영위원회(이하 "운영위원회"라 한다)의 의결을 거쳐 중소벤처기업부장관의 인가를 받아야 한다. 이를 변경할 때에도 또한 같다. 〈개정 2017. 7. 26.〉

② 기금의 정관에는 다음 각 호의 사항이 포함되어야 한다.

1. 목적
2. 명칭
3. 본점, 지점, 출장소 및 대리점에 관한 사항
4. 기본재산에 관한 사항
5. 운영위원회에 관한 사항
6. 이사회에 관한 사항
7. 임원과 직원에 관한 사항
8. 업무와 그 집행방법에 관한 사항
9. 회계에 관한 사항
10. 공고의 방법에 관한 사항
11. 정관의 변경에 관한 사항
12. 그 밖에 대통령령으로 정하는 사항

[전문개정 2011. 5. 19.]

제16조(등기) ① 기금은 본점의 소재지에서 설립등기를 함으로써 성립한다.

② 제1항에 따른 기금의 설립등기와 이전등기, 변경등기, 그 밖에 기금의 등기에 필요한 사항은 대통령령으로 정한다.

③ 제2항에 따라 등기가 필요한 사항은 그 등기를 한 후가 아니면 제3자에게 대항하지 못한다.

[전문개정 2011. 5. 19.]

제2절 기관 및 임직원 〈개정 2011. 5. 19.〉

제17조(운영위원회의 설치) ① 기금의 업무 운영에 관한 기본 방침을 수립하기 위하여 기금에 운영위원회를 둔다.

② 운영위원회는 다음 각 호의 위원으로 구성한다. 〈개정 2013. 3. 23., 2017. 7. 26.〉

1. 기금의 이사장
2. 중소벤처기업부장관이 소속 공무원 중에서 지명하는 사람 1명
3. 기획재정부장관이 소속 공무원 중에서 지명하는 사람 1명
4. 금융위원회가 소속 공무원 중에서 지명하는 사람 1명
5. 「중소기업은행법」에 따른 중소기업은행의 은행장이 소속 임원 중에서 지명하는 사람 1명
6. 일반 국민 및 소규모기업에 대한 금융업무를 취급하는 은행으로서 중소벤처기업부장관이 지정하는 은행의 장이 소속 임원 중에서 지명하는 사람 1명
7. 금융회사등의 임원 또는 집행간부 중에서 중소벤처기업부장관

이 금융위원회와 협의하여 위촉하는 사람 3명

8. 「상공회의소법」에 따른 대한상공회의소 회장이 위촉하는 사람 1명

9. 「중소기업협동조합법」에 따른 중소기업중앙회 회장이 위촉하는 사람 1명

10. 기술 관련 전문가 중에서 중소벤처기업부장관이 과학기술정보통신부장관과 협의하여 위촉하는 사람 2명

③ 위원장은 기금의 이사장이 된다.

④ 제2항제1호 및 제5호부터 제7호까지의 위원은 해당 기관의 임원 또는 직원을 대리위원으로 지정하여 그 직무를 대행하게 할 수 있다.

⑤ 제2항제7호부터 제10호까지의 위원의 임기는 2년으로 한다. 다만, 보궐위원의 임기는 전임자 임기의 남은 기간으로 한다.

⑥ 운영위원회의 운영 등에 필요한 사항은 대통령령으로 정한다.

[전문개정 2011. 5. 19.]

제17조(운영위원회의 설치) ① 기금의 업무 운영에 관한 기본 방침을 수립하기 위하여 기금에 운영위원회를 둔다.

② 운영위원회는 다음 각 호의 위원으로 구성한다. 〈개정 2013. 3. 23., 2017. 7. 26., 2025. 10. 1.〉

1. 기금의 이사장

2. 중소벤처기업부장관이 소속 공무원 중에서 지명하는 사람 1명

3. 기획예산처장관이 소속 공무원 중에서 지명하는 사람 1명

4. 금융위원회가 소속 공무원 중에서 지명하는 사람 1명

5. 「중소기업은행법」에 따른 중소기업은행의 은행장이 소속 임원 중에서 지명하는 사람 1명

6. 일반 국민 및 소규모기업에 대한 금융업무를 취급하는 은행으로서 중소벤처기업부장관이 지정하는 은행의 장이 소속 임원 중에서 지명하는 사람 1명

7. 금융회사등의 임원 또는 집행간부 중에서 중소벤처기업부장관이 금융위원회와 협의하여 위촉하는 사람 3명

8. 「상공회의소법」에 따른 대한상공회의소 회장이 위촉하는 사람 1명

9. 「중소기업협동조합법」에 따른 중소기업중앙회 회장이 위촉하는 사람 1명

10. 기술 관련 전문가 중에서 중소벤처기업부장관이 과학기술정보통신부장관과 협의하여 위촉하는 사람 2명

③ 위원장은 기금의 이사장이 된다.

④ 제2항제1호 및 제5호부터 제7호까지의 위원은 해당 기관의 임원 또는 직원을 대리위원으로 지정하여 그 직무를 대행하게 할 수 있다.

⑤ 제2항제7호부터 제10호까지의 위원의 임기는 2년으로 한다. 다만, 보궐위원의 임기는 전임자 임기의 남은 기간으로 한다.

⑥ 운영위원회의 운영 등에 필요한 사항은 대통령령으로 정한다.

[전문개정 2011. 5. 19.]

[시행일: 2026. 1. 2.] 제17조

제18조(이사회) ① 기금에 이사회를 둔다.

② 이사회는 이사장, 전무이사 및 이사로 구성한다.

③ 이사회는 기금의 업무에 관한 중요 사항을 의결한다.

④ 이사장은 이사회를 소집하고, 그 의장이 된다.

⑤ 이사회는 구성원 과반수의 출석으로 개의(開議)하고, 출석 구성원 과반수의 찬성으로 의결한다.

⑥ 감사는 이사회에 출석하여 의견을 진술할 수 있다.

[전문개정 2011. 5. 19.]

제19조(임원) 기금에 임원으로서 이사장 1명, 전무이사 1명, 5명 이내의 이사와 감사 1명을 둔다.

[전문개정 2011. 5. 19.]

제20조(임원의 직무) ① 이사장은 기금을 대표하고, 그 업무를 총괄한다.

② 전무이사는 이사장을 보좌하고, 이사장이 부득이한 사유로 직무를 수행할 수 없을 때에는 그 직무를 대행한다.

③ 이사는 이사장과 전무이사를 보좌하고, 정관으로 정하는 바에 따라 기금의 업무를 나누어 맡는다.

④ 이사장과 전무이사가 모두 부득이한 사유로 직무를 수행할 수 없을 때에는 이사장이 미리 지정한 순위의 이사가 이사장의 직무를 대행한다.

⑤ 감사는 기금의 업무와 회계를 감사(監査)한다.

[전문개정 2011. 5. 19.]

제21조(임원의 임명) ① 이사장과 감사는 중소벤처기업부장관이 임명한다. 〈개정 2017. 7. 26.〉

② 전무이사와 이사는 이사장의 제청으로 중소벤처기업부장관이 임명한다. 〈개정 2017. 7. 26.〉

[전문개정 2011. 5. 19.]

제22조(임원의 임기) 임원의 임기는 3년으로 한다.

[전문개정 2011. 5. 19.]

제23조(임원의 해임) 중소벤처기업부장관은 기금의 임원이 다음 각 호의 어느 하나에 해당하는 경우에는 해임할 수 있다. 〈개정 2017. 7. 26.〉

1. 이 법, 이 법에 따른 명령 또는 정관을 위반한 경우
2. 금고 이상의 형의 선고를 받은 경우
3. 파산선고를 받은 경우
4. 심신의 장애로 인하여 직무수행이 곤란하게 된 경우

[전문개정 2011. 5. 19.]

제24조(겸직금지 의무 등) ① 기금의 임원은 중소벤처기업부장관의 허가 없이 다른 직무에 종사하지 못한다. 〈개정 2017. 7. 26.〉

② 기금의 임원·직원 및 그 직(職)에 있었던 사람은 직무상 알게 된 비밀을 누설하여서는 아니 된다.

[전문개정 2011. 5. 19.]

제25조(「형법」 적용 시의 공무원 의제) 기금의 임원은 「형법」 제129조부터 제132조까지의 규정을 적용할 때에는 공무원으로 본다.

[전문개정 2011. 5. 19.]

제26조(대리인의 선임) 이사장은 전무이사·이사 또는 직원 중에서 기금의 업무에 관하여 재판상 또는 재판 외의 모든 행위를 할 권한

이 있는 대리인을 선임할 수 있다.

[전문개정 2011. 5. 19.]

제27조(직원의 임면) 기금의 직원은 이사장이 임면(任免)한다.

[전문개정 2011. 5. 19.]

제3절 업무 〈개정 2011. 5. 19.〉

제28조(기금의 업무) ① 기금은 다음 각 호의 업무를 수행한다. 〈개정 2012. 3. 21., 2016. 3. 29., 2017. 7. 26., 2020. 2. 11., 2022. 10. 18.〉

1. 기본재산의 관리

2. 기술보증

3. 신용보증

3의2. 보증연계투자

4. 기업에 대한 경영지도 및 기술지도

4의2. 중소기업 기술보호

4의3. 기술신탁관리(「기술의 이전 및 사업화 촉진에 관한 법률」에 따른 기술신탁관리업을 말한다)

5. 신용조사 및 신용정보의 종합관리

6. 기술평가(해당 기술과 관련된 기술성ㆍ시장성ㆍ사업성 등을 종합적으로 평가하여 금액ㆍ등급ㆍ의견 또는 점수 등으로 표시하는 것을 말한다)

7. 구상권(求償權) 행사

8. 신용보증제도의 조사ㆍ연구

9. 중소기업팩토링

10. 제1호부터 제3호까지, 제3호의2, 제4호, 제4호의2, 제4호의3 및 제5호부터 제9호까지의 업무에 부수되는 업무로서 중소벤처기업부장관의 승인을 받은 업무

② 기금은 제1항의 업무 외에 재보증업무 및 유동화회사보증업무를 수행할 수 있다.

③ 기금은 제1항제6호에 따른 기술평가의 객관성 및 공정성 등을 확보하기 위하여 기술평가의 기준·절차·방법·종류 등에 관한 사항을 미리 정하여야 한다.

[전문개정 2011. 5. 19.]

제28조의2(재보증) ① 기금이 재보증을 하려는 경우에는 「지역신용보증재단법」에 따른 신용보증재단(이하 "원보증자"라 한다)과 계약을 체결하여야 한다.

② 제1항에 따른 계약에는 재보증 한도액, 재보증 기간, 재보증 요건 등에 관한 사항이 포함되어야 하며, 계약의 방식은 재보증계약에 따른 재보증 한도액 및 재보증 기간의 범위에서 재보증 요건을 충족하는 원보증을 재보증하는 포괄약정방식(包括約定方式)으로 한다.

③ 기금의 재보증금액은 원보증금액에 대통령령으로 정하는 비율(이하 "재보증비율"이라 한다)을 곱하여 산출한 금액으로 한다.

④ 원보증자가 대위변제(代位辨濟)한 경우에 기금이 지급하는 보전금(補塡金)은 원보증자의 대위변제금 중 구상권을 행사하여 회수하지 못한 금액에 재보증비율을 곱하여 산출한 금액으로 한다.

⑤ 원보증자가 원보증에 의한 구상권을 행사하여 대위변제금을 회

수한 경우에는 회수한 금액에 재보증비율을 곱하여 산출한 금액을 기금에 반환하여야 한다.

⑥ 재보증채무의 이행청구는 원보증자의 대위변제일부터 대통령령으로 정하는 기간이 지난 후에 하여야 하며, 그 밖에 재보증채무의 이행청구에 필요한 사항은 대통령령으로 정한다.

⑦ 재보증의 운영과 관련하여 기금과 원보증자 간의 관계에 관하여 그 밖에 필요한 사항은 대통령령으로 정한다.

[전문개정 2011. 5. 19.]

제28조의3(유동화회사보증) ① 기금은 유동화회사가 신기술사업자의 회사채(전환사채, 신주인수권부사채를 포함한다), 대출채권 또는 대통령령으로 정하는 재산권을 유동화자산으로 하는 경우로서 다음 각 호의 어느 하나에 해당하는 경우에 부담하는 채무에 대하여 보증을 할 수 있다. 〈개정 2019. 8. 20.〉

1. 유동화증권의 발행

2. 유동화회사에 대한 금융회사등의 신용공여(信用供與)

② 기금의 유동화회사보증 운영과 관련하여 자산보유자(「자산유동화에 관한 법률」 제2조제2호의 자를 말한다)가 같은 기업으로부터 인수할 수 있는 유동화자산의 최고한도는 대통령령으로 정한다.

③ 기금은 유동화회사보증을 받은 유동화회사로부터 「자산유동화에 관한 법률」 제10조제1항 및 제23조제1항에 따라 유동화자산의 관리 또는 그 밖의 업무를 수탁(受託)하여 수행할 수 있다.

④ 중소벤처기업부장관은 기금의 효율적 운영과 적정한 위험분산을 위하여 필요하다고 인정하는 경우에는 따로 지침을 정하여 통보

할 수 있다. 〈개정 2017. 7. 26.〉

[전문개정 2011. 5. 19.]

제28조의4(보증연계투자) ① 기금은 기술보증 관계가 성립한 신기술사업자에 대하여 「벤처투자 촉진에 관한 법률」 제2조제1호에 따른 방식으로 투자를 할 수 있다. 〈개정 2016. 3. 29., 2021. 10. 19.〉

1. 삭제 〈2021. 10. 19.〉

2. 삭제 〈2021. 10. 19.〉

3. 삭제 〈2021. 10. 19.〉

② 기금의 보증연계투자 총액의 한도는 기금의 기본재산과 이월이익금(移越利益金)의 합계액의 100분의 20을 초과하지 아니하는 범위에서 대통령령으로 정한다. 〈개정 2018. 6. 12.〉

③ 기금이 같은 기업에 대하여 보증연계투자할 수 있는 한도는 대통령령으로 정한다.

④ 중소벤처기업부장관은 기금의 효율적 운영과 적정한 위험분산을 위하여 필요한 때 따로 지침을 정하여 통보할 수 있다. 〈개정 2017. 7. 26.〉

[본조신설 2012. 3. 21.]

제29조(업무방법서) 기금은 다음 각 호의 사항을 적은 업무방법서를 작성하여 운영위원회의 의결을 거쳐야 한다. 이를 변경하려는 경우에도 또한 같다. 〈개정 2012. 3. 21., 2022. 10. 18.〉

1. 제28조제1항제2호 및 제3호에 따른 보증의 방법 및 기간과 제33조·제33조의2 및 제34조에 따른 보증료 등, 수수료 및 손해금에 관한 사항

2. 재보증 방법, 재보증 기간, 재보증 제한업종 등 재보증에 관한 사항

3. 유동화회사보증에 관한 다음 각 목의 사항

가. 보증 대상 채무

나. 유동화 대상 자산

다. 위험관리방안

라. 제28조의3제2항에 따라 같은 기업으로부터 인수할 수 있는 유동화자산의 최고한도

3의2. 보증연계투자에 관한 사항

4. 보증채무 이행에 관한 사항

5. 구상권 행사에 관한 사항

6. 제28조제3항에 따른 기술평가의 기준 · 절차 · 방법 · 종류 등에 관한 사항

7. 중소기업팩토링에 관한 사항

8. 그 밖에 기금의 업무수행에 필요한 사항

[전문개정 2011. 5. 19.]

제30조(보증의 기준) ① 기금은 사업전망, 경영능력 등을 공정 · 성실하게 조사하여 보증을 하여야 한다.

② 기금은 총보증금액의 4분의 3 이상이 기술보증이 되도록 하여야 한다. 〈개정 2016. 3. 29.〉

[전문개정 2011. 5. 19.]

제31조(보증 등의 한도) ① 기금의 보증채무부담 및 재보증 총액의 한도는 기금의 기본재산과 이월이익금의 합계액의 20배를 초과하지

아니하는 범위에서 대통령령으로 정한다. 〈개정 2012. 3. 21.〉

② 기금이 같은 기업에 대하여 보증 또는 재보증할 수 있는 보증채무의 최고한도는 대통령령으로 정한다.

③ 기금은 신기술사업자가 부담하는 채무액 중 중소벤처기업부장관이 정하는 한도의 금액에 대하여 보증할 수 있다. 〈개정 2017. 7. 26.〉

[전문개정 2011. 5. 19.]

제32조(업무계획) ① 기금은 사업연도마다 업무계획을 수립하여 운영위원회의 의결을 거쳐 중소벤처기업부장관의 승인을 받아야 한다. 〈개정 2017. 7. 26.〉

② 기금이 제1항에 따른 승인을 받으려면 그 업무계획서를 해당 연도가 시작되기 1개월 전까지 중소벤처기업부장관에게 제출하여야 한다. 〈개정 2017. 7. 26.〉

③ 기금이 업무계획을 변경하려는 경우에는 운영위원회의 의결을 거쳐 중소벤처기업부장관의 승인을 받아야 한다. 〈개정 2017. 7. 26.〉

[전문개정 2011. 5. 19.]

제33조(보증료 등) ① 기금은 보증을 받은 기업으로부터 보증금액에 대하여 대통령령으로 정하는 바에 따라 신용도 등을 고려하여 보증료를 받는다. 이 경우 기술보증을 받은 신기술사업자의 해당 사업이 현저한 경영성과를 얻은 경우에는 대통령령으로 정하는 바에 따라 신기술사업자로부터 별도의 약정에 따른 성과보증료를 받을 수 있다. 〈개정 2016. 3. 29.〉

② 기금은 보증을 받은 기업이 그 기한까지 채무를 이행하지 아니하여 보증채무의 이행책임이 해제되지 아니하였을 때에는 보증한 채무 중 이행되지 아니한 금액에 대하여 그 기업으로부터 대통령령으로 정하는 바에 따라 추가보증료를 받는다.

③ 기금은 보증을 받은 기업이 보증료의 지급기한까지 보증료를 지급하지 아니하였을 때에는 미지급 보증료에 대하여 대통령령으로 정하는 바에 따라 연체보증료를 받는다.

④ 기금은 재보증을 받은 자로부터 재보증금액에 대하여 대통령령으로 정하는 바에 따라 재보증료를 징수한다.

[전문개정 2011. 5. 19.]

제33조의2(수수료) 기금은 제28조제1항제4호·제4호의2·제5호·제6호·제9호 및 제10호의 업무를 수행할 때 대통령령으로 정하는 바에 따라 수수료를 받을 수 있다. 〈개정 2020. 2. 11., 2022. 10. 18.〉

[전문개정 2011. 5. 19.]

제34조(손해금) 기금이 보증채무를 이행하였을 때에는 해당 기업으로부터 그 이행한 금액에 대하여 연율(年率) 100분의 20을 초과하지 아니하는 범위에서 대통령령으로 정하는 바에 따라 손해금을 받는다. 〈개정 2020. 2. 11.〉

[전문개정 2011. 5. 19.]

제35조(보증관계의 성립) ① 기금은 기업에 대하여 보증을 하기로 결정하였을 때에는 그 뜻을 그 기업과 그 기업의 채권자가 될 자에게 통지하여야 한다. 다만, 유동화회사가 제28조의3제1항제1호에 따라 유동화증권을 발행함에 따라 부담하는 채무를 보증하는 경우에

는 유동화증권 인수자에 대한 통지를 하지 아니하여도 된다.

② 보증관계는 제1항에 따라 통지를 받은 기업과 그의 채권자 간에 주된 채권채무관계가 성립한 때에 성립한다.

③ 제1항에 따른 통지가 있은 날부터 60일 내에 주된 채권채무관계가 성립하지 아니하면 그 보증관계는 성립하지 아니한다.

[전문개정 2011. 5. 19.]

第36조(보증채무의 이행) ① 채권자는 대통령령으로 정하는 사유가 발생하였을 때에는 기금에 대하여 그 보증채무의 이행을 청구할 수 있다.

② 기금은 제1항에 따라 보증채무의 이행청구를 받았을 때에는 주채무와 대통령령으로 정하는 종속채무를 이행하여야 한다.

[전문개정 2011. 5. 19.]

第37조(구상권의 행사) ① 기금은 보증채무를 이행하였을 때에는 구상권을 행사할 수 있다.

② 기금이 보증채무를 이행하였을 때에는 그 채권자는 기금의 구상권 행사에 필요한 모든 서류를 지체 없이 기금에 보내고 그 구상권 행사에 적극 협력하여야 한다.

③ 기금은 기금이 보증채무를 이행한 해당 기업이 다음 각 호의 어느 하나에 해당하는 경우에는 이사회의 의결을 거쳐 그 기업에 대한 구상권 행사를 유예할 수 있다.

1. 기업의 재산이 구상권 행사에 따른 비용에 충당하고 남을 여지가 없다고 인정될 때

2. 구상권 행사를 유예함으로써 장래 기업의 채무상환능력이 증가

될 수 있다고 인정될 때

④ 기금은 제3항제2호에 따라 구상권 행사를 유예하였을 때에는 해당 기업에 기금의 임원 또는 직원을 파견하여 그 경영에 참여하게 할 수 있다.

[전문개정 2011. 5. 19.]

제37조의2(구상채권의 매각) 기금은 구상채권의 효율적인 회수와 관리를 위하여 필요하다고 인정하는 경우에는 이사회의 의결을 거쳐 다음 각 호의 자에게 구상채권을 매각할 수 있다.

1. 「기업구조조정투자회사법」에 따른 기업구조조정투자회사

2. 「산업발전법」(법률 제9584호 산업발전법 전부개정법률로 개정되기 전의 것을 말한다) 제15조에 따라 등록된 기업구조조정조합

3. 그 밖에 부실채권의 매매·관리를 전문으로 하는 자로서 대통령령으로 정하는 자

[전문개정 2011. 5. 19.]

제37조의3(연대보증채무의 감경·면제) ①「채무자 회생 및 파산에 관한 법률」 제250조제2항, 제567조, 제625조제3항에도 불구하고 채권자가 기금인 경우에는 중소기업의 회생계획인가결정을 받는 시점 및 파산선고 이후 면책결정을 받는 시점에 주채무가 감경 또는 면제될 경우 연대보증채무도 동일한 비율로 감경 또는 면제한다. 〈개정 2020. 12. 8.〉

② 기금은 연대보증채무자의 재기 지원을 위하여 필요한 경우에는 제29조에 따른 업무방법서에서 정하는 바에 따라 연대보증채무를 감경 또는 면제할 수 있다. 〈신설 2020. 12. 8.〉

③ 제2항에 따라 채무를 감경 또는 면제받은 연대보증채무자가 아닌 다른 연대보증채무자는 「민법」 제485조에도 불구하고 기금에 면책을 주장할 수 없다. 〈신설 2020. 12. 8.〉

[본조신설 2013. 5. 28.]

제38조(채권자의 의무) 채권자 중 대통령령으로 정하는 자는 다음 각 호의 어느 하나에 해당하는 경우에는 지체 없이 그 사실을 기금에 통지하여야 한다.

1. 주된 채권채무관계가 성립하였을 때
2. 채무의 전부 또는 일부가 소멸하였을 때
3. 채무자가 기한의 이익을 상실하였을 때
4. 채무자가 채무를 이행하지 아니하였을 때
5. 그 밖에 보증채무에 영향을 미칠 우려가 있는 사유가 발생하였을 때

[전문개정 2011. 5. 19.]

제39조(보증의 금지) 기금은 부당하게 채무를 면탈하여 기금의 건전성을 훼손한 기업이나 이러한 기업의 이사 또는 업무집행사원이 경영하거나 대표자로 있는 기업 등에 대하여는 제29조의 업무방법서에서 정하는 바에 따라 보증을 금지할 수 있다.

[전문개정 2016. 3. 29.]

제40조(회계원칙) ① 기금의 회계는 기업회계기준에 따라 회계처리하여야 한다.

② 기금의 기본재산은 자본금으로 회계처리한다.

[전문개정 2011. 5. 19.]

第41조(회계연도) 기금의 회계연도는 정부의 회계연도에 따른다.

[전문개정 2011. 5. 19.]

第42조(예산) ① 기금은 사업연도마다 총수입과 총지출을 예산으로 편성하여 운영위원회의 의결을 거쳐 중소벤처기업부장관의 승인을 받아야 한다. 〈개정 2017. 7. 26.〉

② 기금이 제1항에 따른 승인을 받으려면 그 예산서를 해당 연도가 시작되기 1개월 전까지 중소벤처기업부장관에게 제출하여야 한다. 〈개정 2017. 7. 26.〉

③ 기금은 예산을 변경하려면 운영위원회의 의결을 거쳐 중소벤처기업부장관의 승인을 받아야 한다. 〈개정 2017. 7. 26.〉

[전문개정 2011. 5. 19.]

第43조(결산) 기금은 회계연도마다 결산보고서, 재무상태표, 손익계산서 및 기본재산계산서를 작성하여 운영위원회의 의결을 거쳐 해당 연도가 끝난 후 2개월 내에 중소벤처기업부장관에게 제출하여야 한다. 〈개정 2017. 7. 26., 2021. 4. 20.〉

[전문개정 2011. 5. 19.]

第44조(여유금의 운용) 기금의 기본재산 중 업무의 운영에 필요한 자금 외의 여유금은 다음 각 호의 방법으로 운용한다. 다만, 제3호 및 제4호의 경우에는 중소벤처기업부장관의 승인을 받아야 한다. 〈개정 2017. 7. 26.〉

1. 금융회사에 예치

2. 국채, 지방채 및 정부·지방자치단체 또는 금융회사가 지급을 보증한 채권의 매입

3. 주식(출자증권을 포함한다)ㆍ사채 및 그 밖의 유가증권의 인수 또는 매입

4. 그 밖에 기금의 설립목적을 달성하기 위하여 필요한 방법

[전문개정 2011. 5. 19.]

제45조(결손보전) ① 기금의 결산에서 이익금이 생겼을 때에는 이를 전액 적립하여야 한다.

② 기금의 결산에서 손실금이 생겼을 때에는 제1항의 적립금으로 보전하고 그 적립금으로 보전하고도 부족할 때에는 정부가 이를 보전한다.

[전문개정 2011. 5. 19.]

제45조의2(재무건전성의 유지) 기금은 재무건전성을 유지하기 위하여 노력하여야 한다.

[본조신설 2019. 12. 10.]

제4장 보칙 〈개정 2011. 5. 19.〉

제46조(감독) 중소벤처기업부장관은 기금의 업무를 감독하고, 감독에 필요한 명령을 할 수 있다. 다만, 경영의 건전성 확보를 위한 감독의 경우에는 중소벤처기업부장관이 금융위원회와 협의하여 감독한다. 〈개정 2017. 7. 26.〉

[전문개정 2011. 5. 19.]

제47조(보고ㆍ검사) ① 중소벤처기업부장관은 기금의 설립목적을 달성하기 위하여 필요하면 기금, 기금으로부터 업무의 위탁을 받은 금융회사(이하 이 조에서 "수탁자"라 한다) 또는 기금에 출연하는 금

융회사등에 보고서의 제출을 요구하거나 소속 공무원으로 하여금 그 업무상황이나 장부·서류 또는 그 밖에 필요한 물건을 검사하게 할 수 있다. 다만, 수탁자에 대하여는 위탁받은 업무에 한정하고, 기금에 출연하는 금융회사등에 대하여는 출연에 관련된 사항에 한정한다. 〈개정 2017. 7. 26.〉

② 중소벤처기업부장관은 제1항에 따른 검사를 금융위원회에 요청할 수 있다. 〈개정 2017. 7. 26.〉

③ 제1항 및 제2항에 따라 검사를 하는 사람은 그 권한을 표시하는 증표를 지니고 이를 관계인에게 보여 주어야 한다.

[전문개정 2011. 5. 19.]

第47조의2(업무의 위탁) ① 기금은 그 업무의 일부를 대통령령으로 정하는 바에 따라 금융회사, 「한국자산관리공사 설립 등에 관한 법률」에 따른 한국자산관리공사 또는 「신용정보의 이용 및 보호에 관한 법률」에 따른 채권추심회사(이하 이 조에서 "채권추심회사"라 한다)에 위탁할 수 있다. 〈개정 2019. 11. 26., 2020. 2. 4.〉

② 제1항에 따라 업무의 위탁을 받은 자는 그 업무에 관하여 기금을 갈음하여 재판상 또는 재판 외의 모든 행위를 할 수 있다. 다만, 채권추심회사의 경우에는 재판 외의 행위로 한정한다. 〈개정 2020. 2. 4.〉

[전문개정 2011. 5. 19.]

第48조(배상책임 등) ① 기금의 임원이 법령 또는 정관을 위반하거나 그 임무를 게을리하여 기금에 손해를 발생시켰을 때에는 그 임원은 기금에 대하여 연대하여 손해를 배상할 책임을 진다.

② 기금의 보증업무에 종사하는 사람이 그 업무처리에 있어서 기금에 손해를 발생시켰을 때에는 그에게 고의 또는 중대한 과실이 있는 경우에만 이를 배상할 책임을 진다. 이 경우 고의로 손해를 발생시킨 경우를 제외하고는 그 책임을 경감할 수 있다.

[전문개정 2011. 5. 19.]

제49조(유사명칭의 사용 금지) 이 법에 따른 기금이 아닌 자는 기술보증기금 또는 이와 유사한 명칭을 사용하지 못한다. 〈개정 2016. 3. 29.〉

[전문개정 2011. 5. 19.]

제50조(자료제공의 요청 등) ① 기금은 국가, 지방자치단체, 「국민연금법」에 따른 국민연금공단, 「국민건강보험법」에 따른 국민건강보험공단 및 「산업재해보상보험법」에 따른 근로복지공단, 그 밖에 대통령령으로 정하는 공공단체에 제28조제1항제2호, 제3호, 제3호의2, 제4호, 제4호의2, 제4호의3 및 제5호부터 제10호까지의 규정에 따른 업무를 수행하는 데에 필요한 자료의 제공을 요청할 수 있다. 〈개정 2020. 2. 11., 2022. 10. 18.〉

② 기금의 이사장은 다음 각 호의 사항을 적은 문서로 관할 세무관서의 장 또는 지방자치단체의 장에게 과세정보(종합소득세 및 지방세 과세자료, 이와 관련된 사업자 등록자료의 구체적 항목에 한한다) 제공을 요청할 수 있다. 이 경우 과세정보 제공 요청은 제28조제1항제7호에 따른 구상권 행사를 위하여 필요한 최소한의 범위에서 하여야 하며 다른 목적을 위하여 남용하여서는 아니 된다. 〈신설 2014. 1. 14.〉

1. 납세자의 인적 사항

2. 사용 목적

③ 기금은 제28조제1항제5호에 따른 신용정보의 종합관리를 효율적으로 하기 위하여 기업에 협조를 요청할 수 있다. 〈개정 2014. 1. 14.〉

④ 제1항부터 제3항까지에 따라 자료의 제공 또는 협조를 요청받은 자는 특별한 사유가 없으면 이에 따라야 한다. 〈개정 2014. 1. 14.〉

[전문개정 2011. 5. 19.]

제5장 벌칙 〈개정 2011. 5. 19.〉

제51조(벌칙) 제24조제2항을 위반하여 비밀을 누설한 사람은 2년 이하의 징역 또는 2천만원 이하의 벌금에 처한다. 〈개정 2019. 8. 20.〉

[전문개정 2012. 3. 21.]

제52조(과태료) ① 제49조를 위반하여 기술보증기금 또는 이와 유사한 명칭을 사용한 자에게는 1천만원 이하의 과태료를 부과한다. 〈개정 2016. 3. 29.〉

② 제1항에 따른 과태료는 대통령령으로 정하는 바에 따라 중소벤처기업부장관이 부과·징수한다. 〈개정 2017. 7. 26.〉

[본조신설 2012. 3. 21.]

부칙 〈제4068호, 1988. 12. 31.〉

제1조 (시행일) 이 법은 1989년 4월 1일부터 시행한다.

제2조 (설립준비) ①재무부장관은 이 법 시행일전이라도 설립위원을 위촉하여 기금의 설립에 관한 사무를 처리하게 할 수 있다.

②제1항의 규정에 의하여 위촉을 받은 설립위원은 지체없이 정관을 작성하여 재무부장관의 인가를 받아야 한다. 이 경우 재무부장관의 인가를 받은 때에는 제15조제1항의 규정에 의한 운영위원회의 의결을 받은 것으로 본다.

③설립위원은 제2항의 규정에 의한 인가를 받은 때에는 지체없이 제16조의 규정에 의한 등기를 하여야 한다.

④설립위원은 제3항의 규정에 의한 등기를 완료한 때에는 지체없이 그 사무를 기금의 이사장에게 인계하여야 한다.

제3조 (재산과 권리ㆍ의무의 승계) ①이 법 시행당시 종전의 규정에 의한 기술신용보증기금에 속하는 재산과 권리ㆍ의무는 기금이 이를 포괄승계한다.

②제1항의 규정에 의하여 기금이 승계한 재산은 제13조의 규정에 의한 기본재산으로 본다.

제4조 (종전의 규정에 의한 법률행위등에 관한 경과조치) 이 법 시행당시 종전의 규정에 의하여 행하여진 기술신용보증기금에의 출연, 보증 기타의 법률행위는 이 법의 규정에 의하여 행한 것으로 본다.

부칙 〈제4541호, 1993. 3. 6.〉 (정부조직법)

제1조 (시행일) 이 법은 공포한 날부터 시행한다. 〈단서 생략〉

제2조 및 제3조 생략

제4조 (상공자원부 신설에 따른 다른 법률의 개정) ①내지 ⑨생략

⑩신기술사업금융지원에관한법률중 다음과 같이 개정한다.

제4조제2항중 "상공부장관"을 "상공자원부장관"으로 한다.

⑪내지 〈100〉생략

제5조 생략

부칙 〈제4955호, 1995. 8. 4.〉

이 법은 공포한 날부터 시행한다.

부칙 〈제5188호, 1996. 12. 30.〉

이 법은 공포한 날부터 시행한다.

부칙 〈제5374호, 1997. 8. 28.〉 (여신전문금융업법)

제1조 (시행일) 이 법은 1998년 1월 1일부터 시행한다.

제2조 내지 제6조 생략

제7조 (다른 법률의 개정등) ①신기술사업금융지원에관한법률중 다음과 같이 개정한다.

제1조중 "이 법은 신기술사업금융회사를 건전하게 육성·지원하는 한편"을 "이 법은"으로 한다.

제2조제3호 및 제4호를 각각 삭제하고, 동조제6호중 "신기술사업금융회사"를 "여신전문금융업법 제3조제1항의 규정에 의하여 신기술사업금융업을 등록한 여신전문금융회사"로 하며, 동조제10호를 삭제한다.

제2장(제4조 내지 제11조)·제46조제1항 및 제50조제1항 내지 제3항을 각각 삭제한다.

②내지 ⑩생략

부칙 〈제5403호, 1997. 8. 30.〉 (한국주택은행법)

제1조 (시행일) 이 법은 공포한 날부터 시행한다.

제2조 내지 제7조 생략

제8조 (다른 법률의 개정 및 다른 법률과의 관계) ①내지 ⑥생략

⑦신기술사업금융지원에관한법률중 다음과 같이 개정한다.

제2조제5호 마목을 삭제한다.

⑧내지 ⑩생략

부칙 〈제5505호, 1998. 1. 13.〉 (금융감독기구의설치등에관한법률제정등에따른공인회계사법등의정비에관한법률)

①(시행일) 이 법은 1998년 4월 1일부터 시행한다. 〈단서생략〉

②(처분등에 관한 경과조치) 이 법 시행당시 종전의 규정에 의하여 행정기관등이 행한 인가 그밖의 행위 또는 각종 신고 그밖의 행정기관등에 대한 행위는 이 법에 의한 행정기관등의 행위 또는 행정기관등에 대한 행위로 본다.

③ 내지 ⑤생략

부칙 〈제5701호, 1999. 1. 29.〉

이 법은 공포한 날부터 시행한다.

부칙 〈제6022호, 1999. 9. 7.〉 (지역신용보증재단법)

제1조 (시행일) 이 법은 2000년 3월 1일부터 시행한다.

제2조 생략

제3조 (다른 법률의 개정) ①생략

②신기술사업금융지원에관한법률중 다음과 같이 개정한다.

제28조의2제1항중 “지방소재중소기업에 대한 신용보증을 목적으로 하여 설립한 단체로서 대통령령이 정하는 자(이하 "원보증자"라 한다)와”를 “지역신용보증재단법에 의한 신용보증재단(이하 "원보증자"라 한다)과”로 한다.

③및 ④생략

부칙 〈제6705호, 2002. 8. 26.〉

제1조 (시행일) 이 법은 공포후 3월이 경과한 날부터 시행한다.

제2조 (운영위원회의 구성에 관한 적용례) 제17조제2항제2호의2·제5호 및 제7호의 개정규정은 이 법 시행후 동 개정규정에 의하여 최초로 지명 또는 위촉되는 위원부터 적용한다.

제3조 (기술신용보증에 관한 경과조치) 이 법 시행전의 일반신용보증으로서 이 법 시행후에 기술신용보증의 요건에 해당하는 경우에는 이를 기술신용보증으로 본다.

제4조 (다른 법률의 개정 등) ①관세법중 다음과 같이 개정한다.

제24조 제1항제7호중 “신기술사업금융지원에관한법률”을 “기술신용보증기금법”으로 한다.

②기금관리기본법중 다음과 같이 개정한다.

별표 2 제44호를 다음과 같이 한다.

44. 기술신용보증기금법

③독점규제및공정거래에관한법률중 다음과 같이 개정한다.

제12조제2항제2호중 "신기술사업금융지원에관한법률"을 "기술신용보증기금법"으로 한다.

④벤처기업육성에관한특별조치법중 다음과 같이 개정한다.

제5조중 "신기술사업금융지원에관한법률"을 "기술신용보증기금법"으로 한다.

⑤신용정보의이용및보호에관한법률중 다음과 같이 개정한다.

제4조제2항제2호중 "신기술사업금융지원에관한법률"을 "기술신용보증기금법"으로 한다.

⑥여신전문금융업법중 다음과 같이 개정한다.

제41조제2항중 "신기술사업금융지원에관한법률"을 "기술신용보증기금법"으로 한다.

⑦조세특례제한법중 다음과 같이 개정한다.

제13조제1항제2호중 "신기술사업금융지원에관한법률"을 "기술신용보증기금법"으로 한다.

⑧지방세법중 다음과 같이 개정한다.

제279조 본문중 "신기술사업금융지원에관한법률"을 "기술신용보증기금법"으로 한다.

⑨지역신용보증재단법중 다음과 같이 개정한다.

제2조제8호 및 제8조중 "신기술사업금융지원에관한법률"을 각각 "기술신용보증기금법"으로 한다.

⑩이 법 시행 당시 다른 법령에서 신기술사업금융지원에관한법률을 인용한 경우에는 기술신용보증기금법을 인용한 것으로 본다.

부칙 〈제7884호, 2006. 3. 24.〉

이 법은 공포한 날부터 시행한다.

부칙 〈제8541호, 2007. 7. 23.〉 (국민연금법)

제1조 (시행일) 이 법은 공포한 날부터 시행한다. 〈단서 생략〉

제2조 부터 제41조까지 생략

제42조 (다른 법률의 개정) ①부터 ⑨까지 생략

⑩기술신용보증기금법 일부를 다음과 같이 개정한다.

제50조제1항 중 "국민연금관리공단"을 "국민연금공단"으로 한다.

⑪ 생략

제43조 생략

부칙 〈제8635호, 2007. 8. 3.〉 (자본시장과 금융투자업에 관한 법률)

제1조 (시행일) 이 법은 공포 후 1년 6개월이 경과한 날부터 시행한다. 〈단서 생략〉

제2조 부터 제41조까지 생략

제42조 (다른 법률의 개정) ① 부터 ⑤ 생략

⑥ 기술신용보증기금법 일부를 다음과 같이 개정한다.

제2조제5호자목을 다음과 같이 한다.

자. 「자본시장과 금융투자업에 관한 법률」에 따른 신탁업자

⑦ 부터 〈67〉 까지 생략

제43조 및 제44조 생략

부칙 〈제8852호, 2008. 2. 29.〉 (정부조직법)

제1조(시행일) 이 법은 공포한 날부터 시행한다. 다만, ···〈생략〉···, 부칙 제6조에 따라 개정되는 법률 중 이 법의 시행 전에 공포되었으나 시행일이 도래하지 아니한 법률을 개정한 부분은 각각 해당 법률의 시행일부터 시행한다.

제2조 부터 제5조까지 생략

제6조(다른 법률의 개정) ① 부터 ⑳ 까지 생략

㉑ 기술신용보증기금법 일부를 다음과 같이 개정한다.

제17조제2항제2호의2 중 “기획예산처장관”을 “기획재정부장관”으로 하고, 같은 항 제8호 중 “과학기술부장관”을 “교육과학기술부장관”으로 한다.

㉒ 부터 〈760〉 까지 생략

제7조 생략

부칙 〈제8863호, 2008. 2. 29.〉 (금융위원회의 설치 등에 관한 법률)

제1조(시행일) 이 법은 공포한 날부터 시행한다.

제2조 부터 제4조까지 생략

제5조(다른 법률의 개정) ① 부터 ㊿ 까지 생략

〈51〉 기술신용보증기금법 일부를 다음과 같이 개정한다.

제13조제4항 중 “재정경제부령”을 “총리령”으로 한다.

제15조제1항 중 “재정경제부장관”을 “금융위원회”로 한다.

제17조제2항제2호 · 제4호 · 제5호 · 제8호, 제21조제1항 및 제2항 중 “재정경제부장관이”를 각각 “금융위원회가”로 한다.

제23조 각 호 외의 부분 중 “재정경제부장관은”을 “금융위원회는” 으로 한다.

제24조 중 “재정경제부장관”을 “금융위원회”로 한다.

제28조제1항제8호 중 “재정경제부장관”을 “금융위원회”로 한다.

제31조제3항 중 “재정경제부장관이”를 “금융위원회가”로 한다.

제32조제1항 중 “재정경제부장관”을 “금융위원회”로 하고, 같은 조 제2항 중 “재정경제부장관에게”를 “금융위원회에”로 하며, 같은 조 제3항 중 “재정경제부장관”을 “금융위원회”로 한다.

제42조제1항 중 “재정경제부장관”을 “금융위원회”로 하고, 같은 조 제2항 중 “재정경제부장관에게”를 “금융위원회에”로 하며, 같은 조 제3항 중 “재정경제부장관”을 “금융위원회”로 한다.

제43조 중 “재정경제부장관에게”를 “금융위원회에”로 한다.

제44조 중 “재정경제부장관”을 “금융위원회”로 한다.

제46조제2항 및 제47조제1항 · 제2항 중 “재정경제부장관은”을 각각 “금융위원회는”으로 한다.

〈52〉 부터 〈85〉 까지 생략

부칙 〈제9456호, 2009. 2. 6.〉

이 법은 공포 후 3개월이 경과한 날부터 시행한다.

부칙 〈제9584호, 2009. 4. 1.〉 (산업발전법)

제1조(시행일) 이 법은 2009년 5월 8일부터 시행한다.

제2조 부터 제4조까지 생략

제5조(다른 법률의 개정) ① 기술신용보증기금법 일부를 다음과 같이 개정한다.

제37조의2제2호를 다음과 같이 한다.

2. 「산업발전법」(법률 제9584호 산업발전법 전부개정법률로 개정되기 전의 것을 말한다) 제15조에 따라 등록된 기업구조조정조합

② 부터 ⑪ 까지 생략

제6조 생략

부칙 〈제9617호, 2009. 4. 1.〉 (신용정보의 이용 및 보호에 관한 법률)

제1조(시행일) 이 법은 공포 후 6개월이 경과한 날부터 시행한다.

제2조 부터 제11조까지 생략

제12조(다른 법률의 개정) ① 부터 ⑦ 까지 생략

⑧ 기술신용보증기금법 일부를 다음과 같이 개정한다.

제47조의2제1항 및 제2항 단서 중 "신용정보업자"를 각각 "신용정보회사"로 한다.

⑨ 부터 ㉔ 까지 생략

제13조 생략

부칙 〈제10303호, 2010. 5. 17.〉 (은행법)

제1조(시행일) 이 법은 공포 후 6개월이 경과한 날부터 시행한다. 〈단서 생략〉

제2조 부터 제8조까지 생략

제9조(다른 법률의 개정) ① 부터 ⑰ 까지 생략

⑱ 기술신용보증기금법 일부를 다음과 같이 개정한다.

제2조제5호가목 및 제17조제2항제4호 중 “금융기관”을 각각 “은행”으로 한다.

⑲ 부터 〈86〉 까지 생략

제10조 생략

부칙 〈제10683호, 2011. 5. 19.〉

이 법은 공포한 날부터 시행한다.

부칙 〈제11409호, 2012. 3. 21.〉

제1조(시행일) 이 법은 공포 후 3개월이 경과한 날부터 시행한다. 다만, 제51조 및 제52조의 개정규정은 공포한 날부터 시행한다.

제2조(벌칙에 관한 경과조치) 이 법 시행 전의 행위에 대하여 벌칙을 적용할 때에는 종전의 규정에 따른다.

부칙 〈제11690호, 2013. 3. 23.〉 (정부조직법)

제1조(시행일) ① 이 법은 공포한 날부터 시행한다.

② 생략

제2조 부터 제5조까지 생략

제6조(다른 법률의 개정) ①부터 〈692〉까지 생략

〈693〉 기술신용보증기금법 일부를 다음과 같이 개정한다.

제17조제2항제10호 중 "교육과학기술부장관"을 "미래창조과학부장관"으로 한다.

〈694〉부터 〈710〉까지 생략

제7조 생략

부칙 〈제11843호, 2013. 5. 28.〉

제1조(시행일) 이 법은 공포한 날부터 시행한다.

제2조(연대보증채무 감경 또는 면제에 관한 적용례) 제37조의3의 개정 규정은 이 법 시행 후 최초로 회생계획인가결정 및 파산선고 이후 면책결정을 받아 주채무가 감경 또는 면제되는 연대보증채무부터 적용한다.

부칙 〈제12259호, 2014. 1. 14.〉

이 법은 공포 후 3개월이 경과한 날부터 시행한다.

부칙 〈제14122호, 2016. 3. 29.〉

제1조(시행일) 이 법은 공포 후 6개월이 경과한 날부터 시행한다.

제2조(명칭 변경에 관한 경과조치) ① 이 법 시행 당시 종전의 규정에 따라 설립된 기술신용보증기금은 이 법에 따른 기술보증기금으로 본다.

② 이 법 시행 당시 종전의 기술신용보증기금에 속한 모든 재산과 권리·의무는 이 법에 따른 기술보증기금이 승계한다. 이 경우 승계되는 재산의 가액은 이 법 시행일 전일의 장부가액으로 한다.

③ 이 법 시행 당시 종전의 기술신용보증기금이 행한 행위와 그 밖의 법률관계에 있어서 기술신용보증기금은 기술보증기금으로 본다.

④ 이 법 시행 당시 종전의 기술신용보증기금 임직원은 이 법에 따른 기술보증기금의 임직원으로 본다. 이 경우 임원의 임기는 「공공기관의 운영에 관한 법률」에 따른 임기의 남은 임기로 한다.

⑤ 이 법 시행 당시 등기부와 그 밖의 공부상의 기술신용보증기금의 명의는 기술보증기금의 명의로 본다.

제3조(정관 변경 인가 등에 관한 특례) 기관 명칭 변경 등에 대해서는 제15조에 따른 금융위원회의 인가를 받은 것으로 본다.

제4조(다른 법률의 개정) ① 1인 창조기업 육성에 관한 법률 일부를 다음과 같이 개정한다.

제15조제2항 중 "「기술신용보증기금법」에 따른 기술신용보증기금"을 "「기술보증기금법」에 따른 기술보증기금"으로 한다.

② 과학기술기본법 일부를 다음과 같이 개정한다.

제22조제3항제3호 중 "「기술신용보증기금법」"을 "「기술보증기금법」"으로 한다.

③ 국가재정법 일부를 다음과 같이 개정한다.

별표 2 제15호를 다음과 같이 한다.

15. 기술보증기금법

별표 3 제2호를 다음과 같이 한다.

2. 「기술보증기금법」에 따른 기술보증기금

④ 녹색건축물 조성 지원법 일부를 다음과 같이 개정한다.

제25조제2항 중 "「기술신용보증기금법」에 따라 설립된 기술신용보증기금"을 "「기술보증기금법」에 따라 설립된 기술보증기금"으로 한다.

⑤ 도시형소공인 지원에 관한 특별법 일부를 다음과 같이 개정한다.

제16조제3항제2호 중 "「기술신용보증기금법」에 따른 기술신용보증기금"을 "「기술보증기금법」에 따른 기술보증기금"으로 한다.

⑥ 독점규제 및 공정거래에 관한 법률 일부를 다음과 같이 개정한다.

제12조제3항제2호 중 "「기술신용보증기금법」"을 "「기술보증기금법」"으로 한다.

⑦ 문화산업진흥 기본법 일부를 다음과 같이 개정한다.

제10조의2제1항제2호 중 "「기술신용보증기금법」에 따른 기술신용보증기금"을 "「기술보증기금법」에 따른 기술보증기금"으로 한다.

⑧ 벤처기업육성에 관한 특별조치법 일부를 다음과 같이 개정한다.

제2조의2제1항제2호다목(1) 중 "「기술신용보증기금법」에 따른 기술신용보증기금(이하 "기술신용보증기금"이라 한다)"을 "「기술보증기금법」에 따른 기술보증기금(이하 "기술보증기금"이라 한다)"으로 한다.

제5조 중 "기술신용보증기금"을 "기술보증기금"으로 한다.

제25조제1항 중 "기술신용보증기금 등"을 "기술보증기금 등"으로 한다.

⑨ 법률 제13623호 부담금관리 기본법 일부개정법률 일부를 다음과 같이 개정한다.

별표 제17호를 다음과 같이 한다.

17. 「기술보증기금법」 제13조에 따른 기술보증기금 출연금

⑩ 뿌리산업 진흥과 첨단화에 관한 법률 일부를 다음과 같이 개정한다.

제27조제2항 중 "「기술신용보증기금법」에 따라 설립된 기술신용보증기금"을 "「기술보증기금법」에 따라 설립된 기술보증기금"으로 한다.

⑪ 산업집적활성화 및 공장설립에 관한 법률 일부를 다음과 같이 개정한다.

제22조의2제9항제2호 중 "「기술신용보증기금법」에 따른 기술신용보증기금"을 "「기술보증기금법」에 따른 기술보증기금"으로 한다.

⑫ 소상공인 보호 및 지원에 관한 법률 일부를 다음과 같이 개정한다.

제28조제2항제3호 중 "「기술신용보증기금법」 제12조에 따라 설립된 기술신용보증기금"을 "「기술보증기금법」 제12조에 따라 설립된 기술보증기금"으로 한다.

⑬ 소송촉진 등에 관한 특례법 일부를 다음과 같이 개정한다.

제20조의2제1항제11호 중 "「기술신용보증기금법」에 따른 기술신용보증기금"을 "「기술보증기금법」에 따른 기술보증기금"으로 한다.

⑭ 신용정보의 이용 및 보호에 관한 법률 일부를 다음과 같이 개정한다.

제5조제1항제3호 중 “「기술신용보증기금법」에 따른 기술신용보증기금”을 “「기술보증기금법」에 따른 기술보증기금”으로 한다.

⑮ 법률 제13853호 여성기업지원에 관한 법률 일부개정법률 일부를 다음과 같이 개정한다.

제10조제2항 중 “「기술신용보증기금법」에 따른 기술신용보증기금”을 “「기술보증기금법」에 따른 기술보증기금”으로 한다.

⑯ 여신전문금융업법 일부를 다음과 같이 개정한다.

제41조제2항 중 “「기술신용보증기금법」”을 “「기술보증기금법」”으로 한다.

⑰ 장애인기업활동 촉진법 일부를 다음과 같이 개정한다.

제9조제2항 중 “「기술신용보증기금법」에 따른 기술신용보증기금”을 “「기술보증기금법」에 따른 기술보증기금”으로 한다.

⑱ 재해경감을 위한 기업의 자율활동 지원에 관한 법률 일부를 다음과 같이 개정한다.

제22조제2항 중 “「기술신용보증기금법」에 따른 기술신용보증기금”을 “「기술보증기금법」에 따른 기술보증기금”으로 한다.

⑲ 저탄소 녹색성장 기본법 일부를 다음과 같이 개정한다.

제31조제2항 중 “「기술신용보증기금법」에 따라 설립된 기술신용보증기금”을 “「기술보증기금법」에 따라 설립된 기술보증기금”으로 한다.

⑳ 조세특례제한법 일부를 다음과 같이 개정한다.

제8조의3제1항제1호 중 “「기술신용보증기금법」에 따른 기술신용보증기금(이하 이 조에서 "기술신용보증기금"이라 한다)에”를 “「기술

보증기금법」에 따른 기술보증기금(이하 이 조에서 "기술보증기금"이라 한다)에”로 하고, 같은 조 제2항 중 “기술신용보증기금”을 “기술보증기금”으로 하며, 같은 조 제3항 중 “기술신용보증기금”을 “기술보증기금”으로 한다.

제13조제1항제2호 중 “「기술신용보증기금법」”을 “「기술보증기금법」”으로 한다.

㉑ 지방세특례제한법 일부를 다음과 같이 개정한다.

제56조제2항 중 “「기술신용보증기금법」에 따라 설립된 기술신용보증기금”을 “「기술보증기금법」에 따라 설립된 기술보증기금”으로 한다.

㉒ 지역신용보증재단법 일부를 다음과 같이 개정한다.

제2조제9호 중 “「기술신용보증기금법」에 따른 기술신용보증기금(이하 "기술신용보증기금"이라 한다)”을 “「기술보증기금법」에 따른 기술보증기금(이하 "기술보증기금"이라 한다)”으로 한다.

제32조 중 “기술신용보증기금”을 “기술보증기금”으로 한다.

제35조의8 중 “「기술신용보증기금법」”을 “「기술보증기금법」”으로 한다.

㉓ 특정경제범죄 가중처벌 등에 관한 법률 일부를 다음과 같이 개정한다.

제2조제1호차목 중 “「기술신용보증기금법」에 따른 기술신용보증기금”을 “「기술보증기금법」에 따른 기술보증기금”으로 한다.

㉔ 한국산업은행법 일부를 다음과 같이 개정한다.

제23조제3항제3호 중 “기술신용보증기금”을 “기술보증기금”으로

한다.

제5조(다른 법령과의 관계) 이 법 시행 당시 다른 법령에서 종전의 「기술신용보증기금법」 또는 기술신용보증기금을 인용하고 있는 경우에는 종전의 규정을 갈음하여 이 법 또는 기술보증기금을 인용한 것으로 본다.

부칙 〈제14127호, 2016. 3. 29.〉 (여신전문금융업법)

제1조(시행일) 이 법은 공포 후 6개월이 경과한 날부터 시행한다.

제2조 부터 제10조까지 생략

제11조(다른 법률의 개정) ① 생략

② 기술신용보증기금법 일부를 다음과 같이 개정한다.

제2조제4호가목 중 "「여신전문금융업법」에 따라 신기술사업금융업의 등록을 한 여신전문금융회사"를 "「여신전문금융업법」에 따른 신기술사업금융업자"로 한다.

③부터 ⑩까지 생략

부칙 〈제14839호, 2017. 7. 26.〉 (정부조직법)

제1조(시행일) ① 이 법은 공포한 날부터 시행한다. 다만, 부칙 제5조에 따라 개정되는 법률 중 이 법 시행 전에 공포되었으나 시행일이 도래하지 아니한 법률을 개정한 부분은 각각 해당 법률의 시행일부터 시행한다.

제2조 부터 제4조까지 생략

제5조(다른 법률의 개정) ①부터 〈294〉까지 생략

〈295〉 기술보증기금법 일부를 다음과 같이 개정한다.

제13조제2항 중 "중소기업청"을 "중소벤처기업부"로 하고, 같은 조 제4항 중 "총리령"을 "금융위원회와 협의하여 중소벤처기업부령"으로 한다.

제15조제1항, 제24조제1항, 제28조제1항제9호, 제32조제1항 · 제3항, 제42조제1항 · 제3항 및 제44조 각 호 외의 부분 단서 중 "금융위원회"를 각각 "중소벤처기업부장관"으로 한다.

제17조제2항제2호 · 제6호 · 제10호, 제21조제1항 · 제2항, 제31조제3항 및 제52조제2항 중 "금융위원회가"를 각각 "중소벤처기업부장관이"로 한다.

제17조제2항제4호 중 "중소기업청장이"를 "금융위원회가"로 하고, 같은 항 제7호 중 "금융위원회가"를 "중소벤처기업부장관이 금융위원회와 협의하여"로 한다.

제17조제2항제10호 중 "미래창조과학부장관"을 "과학기술정보통신부장관"으로 한다.

제23조 각 호 외의 부분, 제28조의3제4항, 제28조의4제4항 및 제47조제1항 본문 중 "금융위원회는"을 각각 "중소벤처기업부장관은"으로 한다.

제32조제2항, 제42조제2항 및 제43조 중 "금융위원회에"를 각각 "중소벤처기업부장관에게"로 한다.

제46조 중 "금융위원회는"을 "중소벤처기업부장관은"으로 하고, 같은 조에 단서를 다음과 같이 신설한다.

다만, 경영의 건전성 확보를 위한 감독의 경우에는 중소벤처기업부장관이 금융위원회와 협의하여 감독한다.

제47조제2항을 다음과 같이 한다.

② 중소벤처기업부장관은 제1항에 따른 검사를 금융위원회에 요청할 수 있다.

〈296〉부터 〈382〉까지 생략

제6조 생략

부칙 〈제15685호, 2018. 6. 12.〉

이 법은 공포한 날부터 시행한다.

부칙 〈제16522호, 2019. 8. 20.〉

이 법은 공포 후 6개월이 경과한 날부터 시행한다.

부칙 〈제16652호, 2019. 11. 26.〉 (한국자산관리공사 설립 등에 관한 법률)

제1조(시행일) 이 법은 공포한 날부터 시행한다.

제2조(다른 법률의 개정) ①부터 ⑨까지 생략

⑩ 기술보증기금법 일부를 다음과 같이 개정한다.

제47조의2제1항 중 "「금융회사부실자산 등의 효율적 처리 및 한국자산관리공사의 설립에 관한 법률」"을 "「한국자산관리공사 설립 등에 관한 법률」"로 한다.

⑪부터 ⑷⓪까지 생략

제3조 생략

부칙 〈제16814호, 2019. 12. 10.〉

이 법은 공포한 날부터 시행한다.

부칙 〈제16957호, 2020. 2. 4.〉 (신용정보의 이용 및 보호에 관한 법률)

제1조(시행일) 이 법은 공포 후 6개월이 경과한 날부터 시행한다. 〈단서 생략〉

제2조 부터 제11조까지 생략

제12조(다른 법률의 개정) ①부터 ⑥까지 생략

⑦ 기술보증기금법 일부를 다음과 같이 개정한다.

제47조의2제1항 및 같은 조 제2항 단서 중 "신용정보회사"를 각각 "채권추심회사"로 한다.

⑧부터 ㉙까지 생략

제13조 생략

부칙 〈제16995호, 2020. 2. 11.〉

제1조(시행일) 이 법은 공포한 날부터 시행한다. 다만, 제34조의 개정규정은 공포 후 6개월이 경과한 날부터 시행한다.

제2조(손해금에 관한 적용례) 제34조의 개정규정은 같은 개정규정 시행 후 최초로 기금이 보증채무를 이행한 경우부터 적용한다.

부칙 〈제17622호, 2020. 12. 8.〉

이 법은 공포 후 6개월이 경과한 날부터 시행한다.

부칙 〈제18103호, 2021. 4. 20.〉

이 법은 공포 후 3개월이 경과한 날부터 시행한다.

부칙 〈제18511호, 2021. 10. 19.〉

이 법은 공포한 날부터 시행한다.

부칙 〈제19014호, 2022. 10. 18.〉

이 법은 공포 후 6개월이 경과한 날부터 시행한다.

부칙 〈제19175호, 2023. 1. 3.〉

이 법은 공포한 날부터 시행한다.

기술보증기금법 시행령

[시행 2025. 1. 31.] [대통령령 제35228호, 2025. 1. 21., 타법개정]

**개정 예정 법률 밑줄 별도 표시.

기술보증기금법 시행령

[시행 2025. 1. 31.] [대통령령 제35228호, 2025. 1. 21., 타법개정]

제1조(목적) 이 영은 「기술보증기금법」에서 위임된 사항과 그 시행에 필요한 사항을 규정함을 목적으로 한다. 〈개정 2016. 5. 31.〉

[전문개정 2012. 6. 22.]

제2조(정의) 이 영에서 사용하는 용어의 뜻은 이 영에 특별한 규정이 있는 것을 제외하고는 「기술보증기금법」(이하 "법"이라 한다)에서 정하는 바에 따른다. 〈개정 2016. 5. 31.〉

[전문개정 2012. 6. 22.]

제3조(신기술사업자의 범위) ① 법 제2조제1호에서 "기술을 개발하거나 이를 응용하여 사업화하는 중소기업"이란 다음 각 호의 어느 하나에 해당하는 사업(이하 "신기술사업"이라 한다)을 영위하는 중소기업을 말한다. 〈개정 2018. 9. 4., 2021. 1. 5.〉

1. 제품 개발 및 공정 개발을 위한 연구사업
2. 연구·개발의 성과를 기업화·제품화하는 사업
3. 기술 도입 및 도입 기술의 습득(習得)·개량사업
4. 다른 법령에 규정된 기술개발사업으로서 별표 1에서 정하는 사업
5. 그 밖에 생산성 향상, 품질 향상, 제조원가 절감, 에너지 절약

등 현저한 경제적 성과를 올릴 수 있는 기술을 개발하거나 응용하여 기업화·제품화하는 사업

② 법 제2조제1호에서 "대통령령으로 정하는 기업"이란 신기술사업을 영위하는 기업으로서 「중소기업기본법」 제2조제1항제1호가목에 따른 자산총액 기준을 충족하는 기업을 말한다. 〈개정 2021. 11. 30.〉

[전문개정 2012. 6. 22.]

제4조(금전채무) ① 법 제2조제4호나목에서 "대통령령으로 정하는 금전채무"란 다음 각 호의 금전채무를 말한다. 〈개정 2017. 7. 26.〉

1. 「자본시장과 금융투자업에 관한 법률」 제119조에 따라 모집하는 사채

2. 기업의 채무를 금융회사가 보증하는 경우에 그 보증채무의 이행으로 구상(求償)에 따라야 할 금전채무

3. 납세, 어음의 발행 또는 유통, 공사·용역제공 등의 의무이행, 시설대여 등과 관련된 금전채무 그 밖에 기업의 금전채무로서 중소벤처기업부장관이 정하는 것

② 법 제2조제5호나목에서 "대통령령으로 정하는 금전채무"란 제1항 각 호의 금전채무를 말한다.

[전문개정 2012. 6. 22.]

제5조 삭제 〈2002. 12. 5.〉

제6조 삭제 〈2002. 12. 5.〉

제7조 삭제 〈2002. 12. 5.〉

제8조 삭제 〈1997. 12. 31.〉

제9조 삭제 〈1997. 12. 31.〉

제10조 삭제 〈1997. 12. 31.〉

제11조 삭제 〈1997. 12. 31.〉

제12조 삭제 〈1997. 12. 31.〉

제13조 삭제 〈2023. 4. 25.〉

제14조(설립등기) 법 제16조에 따른 기술보증기금(이하 "기금"이라 한다)의 설립등기에는 다음 각 호의 사항이 포함되어야 한다. 〈개정 2023. 4. 25.〉

1. 목적
2. 명칭
3. 본점의 소재지
4. 지점 및 출장소의 소재지
5. 설립 당시의 기본재산
6. 이사장의 성명 · 주민등록번호와 주소
7. 전무이사 · 이사 및 감사의 성명과 주민등록번호
8. 공고의 방법

[전문개정 2012. 6. 22.]

제15조(지점 등의 설치등기) 기금은 지점 또는 출장소를 설치한 경우에는 설치 후 2주일 이내에 본점의 소재지에서 설치된 지점 또는 출장소의 명칭, 소재지 및 설치 연월일을 등기해야 한다.

[전문개정 2025. 1. 21.]

제16조(이전등기) ① 기금은 본점을 이전한 경우에는 이전 후 2주일

이내에 종전 소재지 또는 새 소재지에서 새 소재지와 이전 연월일을 등기해야 한다.

② 기금은 지점 또는 출장소를 이전한 경우에는 이전 후 2주일 이내에 본점의 소재지에서 새 소재지와 이전 연월일을 등기해야 한다.

[전문개정 2025. 1. 21.]

제17조(변경등기) 기금은 제14조 각 호 또는 제15조의 등기사항이 변경된 경우(제16조에 따른 이전등기에 해당하는 경우는 제외한다)에는 변경 후 2주일 이내에 본점의 소재지에서 변경사항을 등기해야 한다.

[전문개정 2025. 1. 21.]

제18조(대리인 선임등기) 기금은 이사장이 법 제26조에 따라 대리인을 선임한 경우에는 선임 후 2주일 이내에 본점의 소재지에서 다음 각 호의 사항을 등기해야 한다. 등기한 사항이 변경된 경우에도 또한 같다. 〈개정 2025. 1. 21.〉

1. 대리인의 성명과 주소
2. 대리인을 둔 본점·지점 또는 출장소의 소재지
3. 대리인의 권한을 제한하였을 때에는 그 제한의 내용

[전문개정 2012. 6. 22.]

제19조(등기기간의 기산) 제14조부터 제18조까지의 규정에 따라 등기하여야 할 사항 중 중소벤처기업부장관의 인가 또는 승인을 받아야 할 사항이 있는 경우에는 해당 인가서 또는 승인서가 도달한 날부터 등기기간을 기산(起算)한다. 〈개정 2017. 7. 26.〉

[전문개정 2012. 6. 22.]

제20조(등기의 신청인, 신청서 첨부서류) ① 제14조에 따른 설립등기는 설립위원이 공동으로 신청하고, 제15조부터 제18조까지의 규정에 따른 등기는 기금의 이사장이 신청한다.

② 제14조부터 제18조까지의 규정에 따른 각 등기의 신청서에는 다음 각 호의 구분에 따른 서류를 첨부하여야 한다.

1. 제14조에 따른 설립등기: 기금의 정관, 정관 인가서의 등본과 이사장이 법 제21조제1항에 따라 임명된 것임을 증명하는 서류
2. 제15조에 따른 지점 등의 설치등기: 그 설치를 증명하는 서류
3. 제16조에 따른 이전등기: 그 이전을 증명하는 서류
4. 제17조에 따른 변경등기: 그 변경을 증명하는 서류
5. 제18조에 따른 대리인 선임의 등기: 그 선임이 법 제26조에 따른 것임을 증명하는 서류와 그 권한을 제한하였을 때에는 그 제한 내용을 증명하는 서류

[전문개정 2012. 6. 22.]

제21조(등기에 관한 준용규정) 기금의 등기에 관하여는 이 영에 특별한 규정이 없으면 「상업등기법」 제15조부터 제20조까지, 제22조부터 제28조까지, 제75조부터 제80조까지 및 제82조부터 제89조까지의 규정을 준용한다.

[전문개정 2025. 1. 21.]

제22조(운영위원회의 운영) ① 법 제17조에 따른 운영위원회는 정관에서 정하는 바에 따라 위원장이 소집하고, 위원장이 그 의장이 된다.

② 위원장이 부득이한 사유로 직무를 수행할 수 없을 때에는 미리 위원장이 지명하는 위원이 그 직무를 대행한다.

③ 운영위원회의 회의는 재적위원 과반수의 출석과 출석위원 과반수의 찬성으로 의결한다.

④ 기금의 전무이사·이사 및 감사는 운영위원회의 회의에 출석하여 의견을 진술할 수 있다.

⑤ 이 영에서 규정한 사항 외에 운영위원회의 운영에 필요한 사항은 운영위원회의 의결을 거쳐 위원장이 정한다.

[전문개정 2012. 6. 22.]

제22조의2(재보증 대상단체 등) ① 법 제28조의2제1항을 적용할 때 기금은 「신용보증기금법」에 따라 설립된 신용보증기금과 재보증계약을 체결한 「지역신용보증재단법」에 따른 신용보증재단(이하 “원보증자”라 한다)과 계약을 체결해서는 아니 된다.

② 기금은 법 제2조제4호 및 제5호에 따른 채무 외의 채무에 대한 원보증과 법 제29조제2호에 따른 재보증 제한업종을 영위하는 기업의 채무에 대한 원보증에 대하여 재보증을 해서는 아니 된다.

[전문개정 2012. 6. 22.]

제22조의3(원보증자의 준수사항 등) 기금의 이사장은 법 제28조의2제1항에 따른 계약을 체결할 때 재보증계약, 재보증료 납부, 보전금 지급, 구상권 행사 및 회수금 반환 등과 관련하여 원보증자가 준수하여야 할 사항 및 그 이행 여부의 확인을 위한 보고서 제출과 업무상황 등의 검사에 관한 사항이 포함되도록 하여야 한다.

[전문개정 2012. 6. 22.]

제22조의4(재보증비율 등) ① 법 제28조의2제3항에서 "대통령령으로 정하는 비율"이란 100분의 50을 말한다. 다만, 중소벤처기업부장관이 지역경제 활성화 및 긴급 재난 복구 등을 위하여 특히 필요하다고 인정하는 경우에는 100분의 60 범위에서 그 비율을 따로 정할 수 있다. 〈개정 2017. 7. 26.〉

② 원보증자가 법 제28조의2제5항에 따라 기금에 반환하여야 하는 금액은 기금이 법 제28조의2제4항에 따라 지급한 보전금의 금액을 한도로 한다.

[전문개정 2012. 6. 22.]

제22조의5(재보증채무의 이행청구) 법 제28조의2제6항에서 "대통령령으로 정하는 기간"이란 3개월을 말한다.

[전문개정 2012. 6. 22.]

제22조의6(재보증계약의 해지 · 변경) 기금은 다음 각 호의 사유가 발생하는 경우에는 법 제28조의2제1항에 따라 기금이 원보증자와 체결한 계약을 해지하거나 변경할 수 있다.

1. 법 제28조의2에 따른 원보증자의 재보증 업무가 관련 법령의 규정에 위반되거나 정당하게 이루어지지 아니하였을 때

2. 원보증자가 구상권 행사를 게을리 하였을 때

3. 그 밖에 법 제28조의2제1항에 따라 기금이 원보증자와 체결한 계약상 계약의 해지 및 변경 사유가 발생하였을 때

[전문개정 2012. 6. 22.]

제22조의7(유동화회사보증) ① 법 제28조의3제1항 각 호 외의 부분에서 "대통령령으로 정하는 재산권"이란 다음 각 호의 어느 하나의

것을 말한다. 〈개정 2017. 7. 26.〉

1. 「기술의 이전 및 사업화 촉진에 관한 법률」 제2조제1호에 따른 기술 및 이와 관련된 재산권

2. 「자본시장과 금융투자업에 관한 법률」 제4조제3항에 따른 기업어음증권

3. 「자산유동화에 관한 법률」 제2조제3호에 따른 유동화자산 중 중소벤처기업부장관이 국민경제상 특히 필요하다고 인정하는 재산권

② 법 제28조의3제2항에 따라 자산보유자가 같은 기업으로부터 인수할 수 있는 유동화자산의 최고한도는 그 같은 기업이 중소기업인 경우에는 300억원, 중소기업 외의 기업인 경우에는 500억원에서 신용도 등을 고려하여 법 제18조에 따른 기금의 이사회(이하 "이사회"라 한다)의 의결을 거쳐 일정한 금액을 차감하는 방식으로 정한다. 다만, 중소벤처기업부장관이 국민경제상 특히 필요하다고 인정하는 경우에는 이사회의 의결을 거쳐 최고한도를 따로 정할 수 있다. 〈개정 2017. 7. 26.〉

③ 제2항에 따른 차감의 기준, 금액 등에 관한 사항은 이사회의 의결을 거쳐 정한다. 다만, 중소벤처기업부장관이 국민경제상 특히 필요하다고 인정하는 경우에는 이사회의 의결을 거쳐 따로 정할 수 있다. 〈개정 2017. 7. 26.〉

[본조신설 2009. 5. 6.]

제22조의8(보증연계투자) ① 법 제28조의4제2항에 따른 기금의 보증연계투자 총액의 한도는 기금의 기본재산과 이월이익금(移越利益金)의 합계액의 100분의 20으로 한다. 〈개정 2014. 12. 9., 2018.

9. 4.〉

② 법 제28조의4제3항에 따라 기금이 같은 기업에 대하여 보증연계투자할 수 있는 한도는 30억원으로 한다. 〈개정 2014. 12. 9., 2016. 5. 31., 2017. 7. 26., 2021. 11. 30.〉

[본조신설 2012. 6. 22.]

제23조(보증 등의 한도) ① 법 제31조제1항에 따른 기금의 기술보증, 신용보증, 재보증 및 유동화회사보증의 총액 한도는 기금의 기본재산과 이월이익금의 합계액의 20배로 한다. 〈개정 2016. 5. 31.〉

② 법 제31조제2항에 따라 기금이 같은 기업에 대하여 기술보증, 신용보증 및 재보증을 할 수 있는 최고한도는 30억원에서 자금의 용도 등을 고려하여 일정 금액을 차감하는 방식으로 정하고, 원보증자로부터 원보증을 받는 기업당 재보증의 최고한도는 2억원으로 한다. 다만, 중소벤처기업부장관이 국민경제상 특히 필요하다고 인정하는 경우에는 이사회의 의결을 거쳐 최고한도를 따로 정할 수 있다. 〈개정 2016. 5. 31., 2017. 7. 26.〉

③ 제2항에 따른 차감의 기준 · 금액 등에 관한 사항은 이사회의 의결을 거쳐 정한다. 다만, 중소벤처기업부장관이 국민경제상 특히 필요하다고 인정하는 경우에는 이사회의 의결을 거쳐 따로 정할 수 있다. 〈개정 2017. 7. 26.〉

[전문개정 2012. 6. 22.]

[제목개정 2016. 5. 31.]

제24조(보증료 등) ① 법 제33조제1항 전단에 따른 보증료 및 법 제33조제2항에 따른 추가보증료는 기업의 신용도, 보증 종류 등을

고려하여 법 제29조에 따른 업무방법서에서 정하는 요율에 따라 징수한다.

② 법 제33조제1항 후단에 따른 성과보증료는 보증금액에 대하여 100분의 10을 초과하지 아니하는 범위에서 중소벤처기업부장관이 정하는 바에 따라 기금과 신기술사업자가 체결하는 별도의 약정으로 정한다. 〈개정 2017. 7. 26.〉

③ 법 제33조제3항에 따른 연체보증료는 미지급 보증료에 연율 100분의 10을 곱하여 산출한 금액으로 한다.

④ 법 제33조제4항에 따른 재보증료는 기금의 원보증자에 대한 재보증금액 중 보전금 지급액 등을 고려하여 법 제29조에 따른 업무방법서에서 정하는 요율에 따라 기금이 원보증자로부터 징수한다.

[전문개정 2012. 6. 22.]

제24조의2(수수료) 법 제33조의2에 따른 수수료는 업무 수행에 든 비용·기간 및 업무의 난이도 등을 고려하여 법 제29조에 따른 업무방법서에서 정하는 바에 따라 받는다.

[전문개정 2012. 6. 22.]

제25조(손해금) 법 제34조에 따른 손해금은 기금이 보증채무를 이행한 금액에 대하여 금융회사의 연체대출금의 이율을 고려하여 그에 상응하는 범위에서 중소벤처기업부장관이 정하는 비율을 곱하여 산출한 금액으로 한다. 〈개정 2017. 7. 26.〉

[전문개정 2012. 6. 22.]

제26조(보증채무 이행청구의 사유) ① 법 제36조제1항에서 "대통령령으로 정하는 사유가 발생하였을 때"란 다음 각 호의 어느 하나에

해당하는 때를 말한다. 〈개정 2017. 7. 26., 2022. 10. 4.〉

1. 법 제2조제4호가목 및 제5호가목에 따른 금전채무에 대한 보증의 경우: 보증을 받은 기업이 채권자에 대하여 기한까지 채무를 이행하지 아니하고(기한의 이익을 상실한 경우를 포함한다) 3개월이 지났을 때

2. 법 제2조제5호나목과 이 영 제4조제1항에 따른 금전채무에 대한 보증 및 법 제28조의3제1항에 따른 유동화회사보증의 경우: 그 채무의 종류와 성격에 따라 중소벤처기업부장관이 정한 때

3. 기업이 다음 각 목의 어느 하나에 해당할 때

가. 파산하거나 해산하였을 때

나. 계속하여 6개월 이상 영업을 하지 아니하거나 폐업하였을 때

다. 「채무자 회생 및 파산에 관한 법률」에 따른 회생절차 개시의 신청이 있는 등 기업의 조속한 경영정상화가 어렵다고 인정되는 경우로서 이사회가 정한 사유가 발생하였을 때

라. 가목부터 다목까지의 규정 외에 채무이행 능력의 급격한 감소 등 채무조정의 필요성이 있는 경우로서 중소벤처기업부장관이 정하는 사유가 발생한 때(기업의 동의를 미리 받은 경우로 한정한다)

② 채권자가 제1항제3호에 따라 보증채무의 이행을 청구하려는 경우에는 이사회에서 정하는 바에 따라 그 이유가 되는 사실을 증명하여야 한다.

[전문개정 2012. 6. 22.]

제27조(종속채무의 범위) 법 제36조제2항에서 “대통령령으로 정하

는 종속채무"란 다음 각 호의 이자액 또는 가산금액과 그 밖의 채권자가 채권 회수를 위하여 지출한 비용 중 이사회가 정하는 것의 합계액을 말한다.

1. 법 제2조제4호가목 및 제5호가목에 따른 금전채무에 대한 보증의 경우: 주채무의 이행기한이 도래된 후 기금이 보증채무를 이행할 때까지의 주채무의 약정기간에 적용하는 이자율에 따른 이자액

2. 법 제2조제5호나목과 이 영 제4조제1항에 따른 금전채무에 대한 보증 및 법 제28조의3제1항에 따른 유동화회사보증의 경우: 업무방법서에서 정하는 이자액 또는 가산금액

[전문개정 2012. 6. 22.]

제27조의2(구상채권의 매각) 법 제37조의2제3호에서 "대통령령으로 정하는 자"란 다음 각 호의 어느 하나에 해당하는 자를 말한다. 〈개정 2017. 1. 24., 2021. 10. 21., 2022. 2. 17., 2022. 10. 4.〉

1. 「한국자산관리공사 설립 등에 관한 법률」에 따른 한국자산관리공사

1의2. 「한국자산관리공사 설립 등에 관한 법률」 제26조제1항제1호 및 제2호의 업무를 수행하기 위하여 한국자산관리공사가 출자한 회사

2. 「자산유동화에 관한 법률」에 따라 설립된 유동화전문회사

3. 「자본시장과 금융투자업에 관한 법률」 제249조의22에 따른 기업재무안정 사모집합투자기구

[전문개정 2012. 6. 22.]

제28조(채권자의 통지 의무) 법 제38조 각 호 외의 부분에서 "대통

령령으로 정하는 자"란 법 제2조제4호가목 및 제5호가목에 따른 금전채무의 채권자 및 법 제28조의3제1항제2호에 따른 신용공여(信用供與)의 채권자를 말한다.

[전문개정 2012. 6. 22.]

제29조 삭제 〈2016. 5. 31.〉

제30조(업무의 위탁) ① 법 제47조의2에 따라 기금은 다음 각 호의 구분에 따라 업무를 위탁할 수 있다. 〈개정 2020. 8. 4., 2022. 2. 17., 2023. 4. 25.〉

1. 금융회사: 법 제28조제1항제2호 · 제3호 · 제7호 및 제10호의 업무

2. 「한국자산관리공사 설립 등에 관한 법률」에 따른 한국자산관리공사: 법 제28조제1항제7호 및 제10호의 업무

3. 「신용정보의 이용 및 보호에 관한 법률」에 따른 신용정보회사 및 채권추심회사: 법 제28조제1항제5호 · 제7호 및 제10호의 업무

② 기금이 제1항에 따라 업무를 위탁하려는 경우에는 미리 중소벤처기업부장관에게 신고하여야 한다. 〈개정 2017. 7. 26.〉

[전문개정 2012. 6. 22.]

제30조의2(민감정보 및 고유식별정보의 처리) ① 기금(제30조에 따라 기금의 업무를 위탁받은 자를 포함한다)은 다음 각 호의 사무를 수행하기 위하여 불가피한 경우 「개인정보 보호법 시행령」 제18조제2호에 따른 범죄경력자료에 해당하는 정보, 같은 영 제19조에 따른 주민등록번호, 여권번호, 운전면허의 면허번호 또는 외국인등록번호가 포함된 자료를 처리할 수 있다. 〈개정 2023. 4. 25.〉

1. 법 제28조제1항제1호부터 제3호까지, 제3호의2, 제4호, 제5호부터 제7호까지 및 제9호에 따른 기금의 업무에 관한 사무

1의2. 법 제28조제1항제10호에 따른 기금의 업무에 관한 사무(같은 항 제4호의2 및 제4호의3의 업무에 부수되는 업무는 중소벤처기업부장관이 개인정보 보호위원회와 협의하여 고시하는 업무로 한정하고, 같은 항 제8호의 업무에 부수되는 업무는 제외한다)

2. 법 제28조의2에 따른 재보증에 관한 사무

3. 법 제28조의3에 따른 유동화회사보증에 관한 사무

4. 법 제28조의4에 따른 보증연계투자에 관한 사무

5. 법 제29조에 따른 업무방법서에 관한 사무

6. 법 제30조에 따른 보증의 기준에 관한 사무

7. 법 제35조에 따른 보증관계의 성립에 관한 사무

8. 법 제36조에 따른 보증채무의 이행에 관한 사무

9. 법 제37조에 따른 구상권의 행사에 관한 사무

10. 법 제37조의2에 따른 구상채권의 매각에 관한 사무

11. 법 제50조에 따른 자료제공의 요청 등에 관한 사무

② 중소벤처기업부장관(법 제47조제2항에 따라 중소벤처기업부장관의 요청을 받은 금융위원회를 포함한다)은 다음 각 호의 사무를 수행하기 위하여 불가피한 경우 제1항 각 호 외의 부분에 따른 개인정보가 포함된 자료를 처리할 수 있다. 〈개정 2017. 7. 26.〉

1. 법 제46조에 따른 감독 및 이에 따른 사후 조치 등에 관한 사무

2. 법 제47조에 따른 보고·검사 및 이에 따른 사후 조치 등에 관한 사무

[전문개정 2012. 6. 22.]

제31조(공공단체의 범위 등) 법 제50조제1항에서 “대통령령으로 정하는 공공단체”란 「공공기관의 운영에 관한 법률」 제4조에 따른 공공기관을 말한다.

[본조신설 2009. 5. 6.]

제32조(과태료의 부과기준) 법 제52조제1항에 따른 과태료의 부과기준은 별표 2와 같다.

[본조신설 2018. 9. 4.]

부칙 〈제12186호, 1987. 6. 25.〉

이 영은 공포한 날로부터 시행한다.

부칙 〈제12675호, 1989. 4. 1.〉

이 영은 1989년 4월 1일부터 시행한다.

부칙 〈제13870호, 1993. 3. 6.〉 (상공자원부와그소속기관직제)

제1조 (시행일) 이 영은 공포한 날부터 시행한다.

제2조 및 제3조 생략

제4조 (다른 법령의 개정) ①내지 〈54〉생략

〈55〉신기술사업금융지원에관한법률시행령중 다음과 같이 개정한다.

제5조제2항제1호 및 제11조중 “상공부장관”을 각각 “상공자원부

장관"으로 한다.

〈56〉 내지 〈188〉생략

부칙 〈제13922호, 1993. 7. 1.〉 (대외무역법시행령)

제1조 (시행일) 이 영은 1993년 7월 1일부터 시행한다.

제2조 및 제3조 생략

제4조 (다른 법령의 개정) ①내지 ⑥생략

⑦신기술사업금융지원에관한법률시행령중 다음과 같이 개정한다.

제5조제1항중 "13인의"를 "12인의"로 하고, 동조제2항제1호중 "동력자원부장관"을 삭제한다.

⑧내지 ㉚생략

부칙 〈제14438호, 1994. 12. 23.〉 (재정경제원과그소속기관직제)

제1조 (시행일) 이 영은 공포한 날부터 시행한다.

제2조 내지 제4조 생략

제5조 (다른 법령의 개정) ①내지 ㊿생략

〈51〉신기술사업금융지원에관한법률시행령중 다음과 같이 개정한다.

제3조제2항, 제4조제2항제3호, 제5조제2항제1호, 제8조, 제9조, 제11조, 제19조, 제23조, 제24조제2항, 제25조, 제26조, 제27조중 "재무부장관"을 각각 "재정경제원장관"으로 하고 제8조, 제13조, 제24조제1항 · 제3항중 "재무부령"을 각각 "총리령"으로 하고, 제5조제

2항중 "재무부차관"을 "재정경제원차관"으로 한다.

제5조제2항제1호중 "경제기획원장관"을 삭제한다.

〈52〉내지 〈327〉생략

부칙 〈제14829호, 1995. 12. 14.〉

이 영은 공포한 날부터 시행한다.

부칙 〈제14888호, 1995. 12. 30.〉 (중소기업진흥및제품구매촉진에관한법률시행령)

제1조 (시행일) 이 영은 1996년 1월 1일부터 시행한다.

제2조 생략

제3조 (다른 법령의 개정) ① 및 ②생략

③신기술사업금융지원에관한법률시행령중 다음과 같이 개정한다.

제12조제1호를 다음과 같이 한다.

1. 중소기업진흥및제품구매촉진에관한법률에 의한 중소기업창업 및 진흥기금

부칙 〈제15555호, 1997. 12. 29.〉

이 영은 공포한 날부터 시행한다.

부칙 〈제15569호, 1997. 12. 31.〉 (여신전문금융업법시행령)

제1조 (시행일) 이 영은 1998년 1월 1일부터 시행한다.

제2조 내지 제4조 생략

제5조 (다른 법령의 개정) ①내지 ⑭생략

⑮신기술사업금융지원에관한법률시행령중 다음과 같이 개정한다.

제4조제1항제1호중 "신기술사업금융회사"를 "여신전문금융업법에 의하여 신기술사업금융업을 등록한 여신전문금융회사"로 한다.

제8조 내지 제12조를 각각 삭제한다.

⑯내지 ㉒생략

부칙 〈제15628호, 1998. 2. 12.〉

①(시행일) 이 영은 공포한 날부터 시행한다.

②(적용례) 이 영은 이 영 시행후 최초로 행하는 신용보증 또는 재보증부터 적용한다.

부칙 〈제16736호, 2000. 2. 28.〉 (지역신용보증재단법시행령)

제1조 (시행일) 이 영은 공포한 날부터 시행한다.

제2조 (다른 법령의 개정) ①생략

②신기술사업금융지원에관한법률시행령중 다음과 같이 개정한다.

제22조의2제1항중 "특별시·광역시 또는 도를 단위로 하여 그 지역내에 소재하는 중소기업에 대한 신용보증을 목적으로 하여 설립된 단체(이하 "원보증자"라 한다)를"을 "지역신용보증재단법에 의한 신용보증재단(이하 "원보증자"라 한다)을"로 한다.

부칙 〈제17791호, 2002. 12. 5.〉

제1조 (시행일) 이 영은 공포한 날부터 시행한다.

제2조 (다른 법령의 개정) ①건설기술관리법시행령중 다음과 같이 개정한다.

제34조 제5항제3호중 "신기술사업금융지원에관한법률"을 "기술신용보증기금법"으로 한다.

②공업배치및공장설립에관한법률시행령중 다음과 같이 개정한다.

제49조의2제2호중 "신기술사업금융지원에관한법률"을 "기술신용보증기금법"으로 한다.

③국가를당사자로하는계약에관한법률시행령중 다음과 같이 개정한다.

제37조제2항제4호중 "신기술사업금융지원에관한법률"을 "기술신용보증기금법"으로 한다.

④금융기관부실자산등의효율적처리및한국자산관리공사의설립에관한법률시행령중 다음과 같이 개정한다.

제2조제13호중 "신기술사업금융지원에관한법률"을 "기술신용보증기금법"으로 한다.

⑤금융실명거래및비밀보장에관한법률시행령중 다음과 같이 개정한다.

제2조제3호중 "신기술사업금융지원에관한법률"을 "기술신용보증기금법"으로 한다.

⑥금융지주회사법시행령을 다음과 같이 개정한다.

제17조제1항제16호를 다음과 같이 한다.

16. 기술신용보증기금법

⑦기술개발촉진법시행령중 다음과 같이 개정한다.

제11조제6호중 "신기술사업금융지원에관한법률"을 "기술신용보증기금법"으로 한다.

⑧기업구조조정촉진법시행령중 다음과 같이 개정한다.

제2조제2호중 "신기술사업금융지원에관한법률"을 "기술신용보증기금법"으로 한다.

⑨기업구조조정투자회사법시행령중 다음과 같이 개정한다.

제2조제3호중 "신기술사업금융지원에관한법률"을 "기술신용보증기금법"으로 한다.

제5조제1항제16호를 다음과 같이 한다.

16. 기술신용보증기금법

⑩법인세법시행령중 다음과 같이 개정한다.

제61조제2항제14호중 "신기술사업금융지원에관한법률"을 "기술신용보증기금법"으로 한다.

⑪벤처기업육성에관한특별조치법시행령중 다음과 같이 개정한다.

제2조제4항제3호 및 제4조제1항제2호중 "신기술사업금융지원에관한법률"을 각각 "기술신용보증기금법"으로 한다.

⑫부품 · 소재전문기업등의육성에관한특별조치법시행령중 다음과 같이 개정한다.

별표 2중 제8호를 다음과 같이 한다.

8. 기술신용보증기금법에 의한 기술신용보증기금

⑬산업기술단지지원에관한특례법시행령중 다음과 같이 개정한다.

제15조제2호중 "신기술사업금융지원에관한법률"을 "기술신용보증기금법"으로 한다.

⑭산업발전법시행령중 다음과 같이 개정한다.

제9조제5항제16호를 다음과 같이 한다.

16. 기술신용보증기금법

별표 2중 제18호를 다음과 같이 한다.

18. 기술신용보증기금법에 의한 기술신용보증기금

⑮상속세및증여세법시행령중 다음과 같이 개정한다,

제35조제5항제1호중 "신기술사업금융지원에관한법률"을 "기술신용보증기금법"으로 하고, 동항제2호중 신기술사업금융지원에관한법률시행령"을 "기술신용보증기금법시행령"으로 한다.

⑯소기업및소상공인지원을위한특별조치법시행령중 다음과 같이 개정한다.

제4조제2항제7호중 "신기술사업금융지원에관한법률"을 "기술신용보증기금법"으로 한다.

⑰소방법시행령중 다음과 같이 개정한다.

제40조의5제2항제4호중 "신기술사업금융지원에관한법률"을 "기술신용보증기금법"으로 한다.

⑱수출용원재료에대한관세등환급에관한특례법시행령중 다음과 같이 개정한다.

제3조제1항제6호중 "신기술사업금융지원에관한법률"을 "기술신용보증기금법"으로 한다.

⑲신용보증기금법시행령중 다음과 같이 개정한다.

제19조의2제2항중 "신기술사업금융지원에관한법률"을 "기술신용보증기금법"으로 한다.

⑳신용정보의이용및보호에관한법률시행령중 다음과 같이 개정한다.

제2조제2항제17호중 "신기술사업금융지원에관한법률"을 "기술신용보증기금법"으로 한다.

㉑신탁업법시행령중 다음과 같이 개정한다.

제9조의2제1항제15호를 다음과 같이 한다.

15. 기술신용보증기금법

㉒유통단지개발촉진법시행령중 다음과 같이 개정한다.

제40조제4항제2호중 "신기술사업금융지원에관한법률"을 "기술신용보증기금법"으로 한다.

㉓엔지니어링기술진흥법시행령중 다음과 같이 개정한다.

제2조의5제1항제6호중 "신기술사업금융지원에관한법률"을 "기술신용보증기금법"으로 한다.

㉔은행법시행령중 다음과 같이 개정한다.

제13조제1항제19호를 다음과 같이 한다.

19. 기술신용보증기금법

㉕인지세법시행령중 다음과 같이 개정한다.

제6조제2항중 "신기술사업금융지원에관한법률"을 "기술신용보증기금법"으로 한다.

㉖자산유동화에관한법률시행령중 다음과 같이 개정한다.

제2조제6호중 "신기술사업금융지원법"을 "기술신용보증기금법"으로 한다.

㉗조세특례제한법시행령중 다음과 같이 개정한다.

제129조제6항제6호중 "신기술사업금융지원에관한법률"을 "기술신용보증기금법"으로 한다.

㉘종합금융회사에관한법률시행령중 다음과 같이 개정한다.

제3조의3제1항제14호를 다음과 같이 한다.

14. 기술신용보증기금법

㉙중소기업기술혁신촉진법시행령중 다음과 같이 개정한다.

제5조제1항제5호중 "신기술사업금융지원에관한법률"을 "기술신용보증기금법"으로 한다.

㉚중소기업수출지원센터의설치및운영에관한규정중 다음과 같이 개정한다.

제2조제7호중 "신기술사업금융지원에관한법률"을 "기술신용보증기금법"으로 한다.

㉛중소기업진흥및제품구매촉진에관한법률시행령중 다음과 같이 개정한다.

제2조제5항제11호중 "신기술사업금융지원에관한법률"을 "기술신용보증기금법"으로 한다.

제28조제7호를 다음과 같이 한다.

7. 기술신용보증기금법

㉜중소기업창업지원법시행령중 다음과 같이 개정한다.

제8조제2항제13호를 다음과 같이 한다.

13. 기술신용보증기금법

㉝증권거래법시행령중 다음과 같이 개정한다.

제3조제1항제8호중 "신기술사업금융지원에관한법률"을 "기술신용보증기금법"으로 한다.

제18조의2제2항제20호를 다음과 같이 한다.

20. 기술신용보증기금법

㉞증권투자신탁업법시행령중 다음과 같이 개정한다.

제7조제2항제15호를 다음과 같이 한다.

15. 기술신용보증기금법

㉟증권투자회사법시행령중 다음과 같이 개정한다.

제3조제1항제15호를 다음과 같이 한다.

15. 기술신용보증기금법

㊱특정금융거래정보의보고및이용등에관한법률시행령중 다음과 같이 개정한다.

제2조제2호중 "신기술사업금융지원에관한법률"을 "기술신용보증기금법"으로 한다.

제3조 (다른 법령과의 관계) 이 영 시행 당시 다른 법령에서 종전의 신기술사업금융지원에관한법률시행령을 인용한 경우에는 이 영을 인용한 것으로 본다.

부칙 〈제19023호, 2005. 8. 31.〉 (신에너지 및 재생에너지 개발·이용·보급 촉진법 시행령)

제1조 (시행일) 이 영은 공포한 날부터 시행한다.

제2조 생략

제3조 (다른 법령의 개정) ①기술신용보증기금법시행령 일부를 다음과 같이 개정한다.

별표 제5호를 다음과 같이 한다.

5. 「신에너지 및 재생에너지 개발·이용·보급 촉진법」 제10조

제2호의 규정에 의한 신·재생에너지의 연구·개발사업 성과를 기업화하는 사업

②내지 ⑨생략

제4조 생략

부칙 〈제19574호, 2006. 6. 29.〉 (환경기술개발 및 지원에 관한 법률 시행령)

제1조 (시행일) 이 영은 2006년 7월 1일부터 시행한다.

제2조 내지 제4조 생략

제5조 (다른 법령의 개정) ①기술신용보증기금법 시행령 일부를 다음과 같이 개정한다.

별표 제14호중 "환경신기술지정서 또는 환경기술검증서"를 "신기술인증서 또는 기술검증서"로 한다.

②생략

부칙 〈제19719호, 2006. 10. 27.〉 (산업기술혁신 촉진법 시행령)

제1조 (시행일) 이 영은 2006년 10월 29일부터 시행한다.

제2조 내지 제4조 생략

제5조 (다른 법령의 개정) ①및 ②생략

③기술신용보증기금법시행령 일부를 다음과 같이 개정한다.

별표 제1호중 "동법 제24조의 규정에 의한 산업기반기술개발사업 또는 동법 제25조제2호의 규정에 의한 자본재의 시제품개발사업"을

“「산업기술혁신 촉진법」 제11조에 따른 산업기술개발사업”으로 하고, 제2호중 “산업발전법시행령 제28조제2항제3호의 규정에 의하여”를 “「산업기술혁신 촉진법 시행령」 제17조제1항제3호에 따라”로 한다.

④내지 ⑲생략

제6조 생략

부칙 〈제20137호, 2007. 6. 29.〉 (기술의 이전 및 사업화 촉진에 관한 법률 시행령)

제1조 (시행일) 이 영은 공포한 날부터 시행한다.

제2조 및 제3조 생략

제4조 (다른 법령의 개정) ①부터 ③까지 생략

④기술신용보증기금법 시행령 일부를 다음과 같이 개정한다.

별표 제24호 중 “기술이전촉진법 제2조제1호의 규정에 의한”을 “「기술의 이전 및 사업화 촉진에 관한 법률」 제2조제2호에 따른”으로 한다.

⑤부터 ⑫까지 생략

제5조 생략

부칙 〈제20653호, 2008. 2. 29.〉 (금융위원회의 설치 등에 관한 법률 시행령)

제1조(시행일) 이 영은 공포한 날부터 시행한다. 다만, 부칙 제2조에 따라 개정되는 대통령령 중 이 영의 시행 전에 공포되었으나 시

행일이 도래하지 아니한 대통령령을 개정한 부분은 각각 해당 대통령령의 시행일부터 시행한다.

제2조(다른 법령의 개정) ① 부터 ⑩ 까지 생략

⑪ 기술신용보증기금법시행령 일부를 다음과 같이 개정한다.

제4조제1항제3호 중 "재정경제부장관이"를 "금융위원회가"로 한다.

제13조 중 "재정경제부령"을 "총리령"으로 한다.

제19조 중 "재정경제부장관"을 "금융위원회"로 한다.

제22조의4제1항 단서, 제23조제2항 단서 · 제3항 단서, 제24조제2항, 제25조 및 제26조제1항제2호 중 "재정경제부장관이"를 각각 "금융위원회가"로 한다.

제30조제2항 중 "재정경제부장관에게"를 "금융위원회에"로 한다.

⑫ 부터 ㊾ 까지 생략

부칙 〈제20947호, 2008. 7. 29.〉 (자본시장과 금융투자업에 관한 법률 시행령)

제1조(시행일) 이 영은 2009년 2월 4일부터 시행한다. 〈단서 생략〉

제2조 부터 제25조까지 생략

제26조(다른 법령의 개정) ① 부터 ㉟ 까지 생략

㊱ 기술신용보증기금법시행령 일부를 다음과 같이 개정한다.

제4조제1항제1호 중 "증권거래법 제8조의 규정에 의하여"를 "「자본시장과 금융투자업에 관한 법률」 제119조에 따라"로 한다.

㊲ 부터 〈113〉 까지 생략

제27조 및 제28조 생략

부칙 〈제21214호, 2008. 12. 31.〉 (행정안전부와 그 소속기관 직제)

제1조(시행일) 이 영은 공포한 날부터 시행한다. 〈단서 생략〉

제2조 부터 제4조까지 생략

제5조(다른 법령의 개정) ① 부터 〈173〉 까지 생략

〈174〉 기술신용보증기금법시행령 일부를 다음과 같이 개정한다.

별표 제27호 중 "해양수산부장관"을 "농림수산식품부장관"으로 한다.

〈175〉 생략

부칙 〈제21441호, 2009. 4. 21.〉 (에너지기본법 시행령)

제1조(시행일) 이 영은 2009년 5월 1일부터 시행한다.

제2조(다른 법령의 개정) ① 기술신용보증기금법시행령 일부를 다음과 같이 개정한다.

별표 제4호 중 "에너지이용합리화법 제38조의 규정에 의한 에너지기술개발사업"을 "「에너지기본법」 제12조에 따른 에너지기술개발에 관한 사업"으로 한다.

② 부터 ⑥ 까지 생략

부칙 〈제21483호, 2009. 5. 6.〉

제1조(시행일) 이 영은 2009년 5월 7일부터 시행한다.

제2조(경과조치) 제30조제1항제3호의 개정규정 중 "「신용정보의 이

용 및 보호에 관한 법률」 제2조제5호에 따른 신용정보회사"는 2009년 10월 1일까지 "「신용정보의 이용 및 보호에 관한 법률」 제2조제4호에 따른 신용정보업자"로 본다.

부칙 〈제21847호, 2009. 11. 26.〉 (농어업·농어촌 및 식품산업 기본법 시행령)

제1조(시행일) 이 영은 2009년 11월 28일부터 시행한다.

제2조 부터 제4조까지 생략

제5조(다른 법령의 개정) ① 부터 ⑤ 까지 생략

⑥ 기술신용보증기금법 시행령 일부를 다음과 같이 개정한다.

별표 제7호 중 "「농업·농촌 및 식품산업 기본법」 제37조제1항에 따른 농업"을 "「농어업·농어촌 및 식품산업 기본법」 제36조제1항에 따른 농어업"으로 하고, 같은 표 제24호를 다음과 같이 한다.

24. 「해양수산발전 기본법」 제29조에 따라 국토해양부장관이 지원하는 신기술의 개발·사업화 사업

⑦ 부터 ⑳ 까지 생략

제6조 생략

부칙 〈제22117호, 2010. 4. 13.〉 (에너지법 시행령)

제1조(시행일) 이 영은 2010년 4월 14일부터 시행한다.

제2조(다른 법령의 개정) ① 기술신용보증기금법 시행령 일부를 다음과 같이 개정한다.

별표 제15호 중 "「에너지기본법」"을 "「에너지법」"으로 한다.

② 부터 ⑦ 까지 생략

부칙 〈제23488호, 2012. 1. 6.〉 (민감정보 및 고유식별정보 처리 근거 마련을 위한 과세자료의 제출 및 관리에 관한 법률 시행령 등 일부개정령)

제1조(시행일) 이 영은 공포한 날부터 시행한다. 〈단서 생략〉

제2조 생략

부칙 〈제23872호, 2012. 6. 22.〉

제1조(시행일) 이 영은 공포한 날부터 시행한다.

제2조(보증연계투자에 관한 적용례) 제22조의8제2항의 개정규정은 이 영 시행 후 기금이 기술신용보증을 하는 신기술사업자부터 적용한다.

제3조(보증 금지 기업 이사 등의 범위에 관한 경과조치) 제29조제1호나목의 개정규정에도 불구하고 이 영 시행 전에 보증을 한 기업에 대해서는 종전의 규정에 따른다.

부칙 〈제24435호, 2013. 3. 23.〉 (금융위원회와 그 소속기관 직제)

제1조(시행일) 이 영은 공포한 날부터 시행한다.

제2조 및 제3조 생략

제4조(다른 법령의 개정) ① 및 ② 생략

③ 기술신용보증기금법 시행령 일부를 다음과 같이 개정한다.

별표 제22호 중 “국토해양부장관”을 “해양수산부장관”으로 한다.

④부터 ⑧까지 생략

부칙 〈제25842호, 2014. 12. 9.〉

이 영은 공포한 날부터 시행한다.

부칙 〈제27205호, 2016. 5. 31.〉

제1조(시행일) 이 영은 2016년 9월 30일부터 시행한다. 다만, 제22조의8제2항 후단 및 별표의 개정규정은 공포한 날부터 시행한다.

제2조(다른 법령의 개정) ① 건설기술 진흥법 시행령 일부를 다음과 같이 개정한다.

제34조제5항제3호를 다음과 같이 한다.

3. 「기술보증기금법」에 따른 기술보증기금의 기술보증

② 공간정보산업 진흥법 시행령 일부를 다음과 같이 개정한다.

제15조제3호를 다음과 같이 한다.

3. 「기술보증기금법」 제12조에 따른 기술보증기금

③ 공인회계사법 시행령 일부를 다음과 같이 개정한다.

제4조제1항제3호 중 “「기술신용보증기금법」에 의한 기술신용보증기금”을 “「기술보증기금법」에 따른 기술보증기금”으로 한다.

④ 공적자금관리 특별법 시행령 일부를 다음과 같이 개정한다.

제5조제29호를 다음과 같이 한다.

29. 「기술보증기금법」

⑤ 국가를 당사자로 하는 계약에 관한 법률 시행령 일부를 다음

과 같이 개정한다.

제37조제2항제4호라목를 다음과 같이 한다.

라. 「기술보증기금법」에 따른 기술보증기금

⑥ 국가통합교통체계효율화법 시행령 일부를 다음과 같이 개정한다.

제61조제4항제2호를 다음과 같이 한다.

2. 「기술보증기금법」에 따른 기술보증기금

제99조제1항제1호다목를 다음과 같이 한다.

다. 「기술보증기금법」에 따른 기술보증기금의 기술보증

⑦ 국세징수법 시행령 일부를 다음과 같이 개정한다.

제22조제2항 각 호 외의 부분 전단 중 "「기술신용보증기금법」에 따른 기술신용보증기금"을 "「기술보증기금법」에 따른 기술보증기금"으로 한다.

⑧ 금융실명거래 및 비밀보장에 관한 법률 시행령 일부를 다음과 같이 개정한다.

제2조제3호를 다음과 같이 한다.

3. 「기술보증기금법」에 따른 기술보증기금

⑨ 금융위원회와 그 소속기관 직제 일부를 다음과 같이 개정한다.

제12조제3항제8호의2 중 "기술신용보증기금"을 "기술보증기금"으로 한다.

⑩ 금융지주회사법 시행령 일부를 다음과 같이 개정한다.

제17조제1항제16호를 다음과 같이 한다.

16. 「기술보증기금법」

⑪ 금융회사부실자산 등의 효율적 처리 및 한국자산관리공사의 설립에 관한 법률 시행령 일부를 다음과 같이 개정한다.

제2조제11호를 다음과 같이 한다.

11. 「기술보증기금법」에 따른 기술보증기금

⑫ 기업구조조정투자회사법시행령 일부를 다음과 같이 개정한다.

제2조제3호를 다음과 같이 한다.

3. 「기술보증기금법」에 따른 기술보증기금

제5조제1항제16호를 다음과 같이 한다.

16. 「기술보증기금법」

⑬ 농림수산식품과학기술 육성법 시행령 일부를 다음과 같이 개정한다.

제15조의7제1항제4호를 다음과 같이 한다.

4. 「기술보증기금법」에 따른 기술보증기금의 기술보증

⑭ 농림수산식품투자조합 결성 및 운용에 관한 법률 시행령 일부를 다음과 같이 개정한다.

제13조제2항제18호를 다음과 같이 한다.

18. 「기술보증기금법」

별표 1 제15호를 다음과 같이 한다.

15. 「기술보증기금법」 제12조제1항에 따른 기술보증기금

⑮ 농업협동조합법 시행령 일부를 다음과 같이 개정한다.

제5조2제2호를 다음과 같이 한다.

2. 「기술보증기금법」에 따른 기술보증기금

제15조제2항 단서 중 "「기술신용보증기금법」에 따른 기술신용보

증기금"을 "「기술보증기금법」에 따른 기술보증기금"으로 한다.

⑯ 문화산업진흥 기본법 시행령 일부를 다음과 같이 개정한다.

제3조의2제6호 중 "「기술신용보증기금법」 제2조제5호차목"을 "「기술보증기금법」 제2조제3호바목"으로 한다.

⑰ 물류시설의 개발 및 운영에 관한 법률 시행령 일부를 다음과 같이 개정한다.

제42조제4항제2호를 다음과 같이 한다.

2. 「기술보증기금법」에 따른 기술보증기금

⑱ 법인세법 시행령 일부를 다음과 같이 개정한다.

제61조제2항제19호를 다음과 같이 한다.

19. 「기술보증기금법」에 따른 기술보증기금

⑲ 벤처기업육성에 관한 특별조치법 시행령 일부를 다음과 같이 개정한다.

제2조제7호를 다음과 같이 한다.

7. 「기술보증기금법」에 따른 기술보증기금(이하 "기술보증기금"이라 한다)

제2조의3제7항제1호를 다음과 같이 한다.

1. 기술보증기금

제4조제2호를 다음과 같이 한다.

2. 기술보증기금

제6조의3제5호를 다음과 같이 한다.

5. 기술보증기금

제18조의3 각 호 외의 부분 중 "기술신용보증기금"을 "기술보증

기금”으로 하고, 같은 조 제1호를 다음과 같이 한다.

1. 기술보증기금

별표 1의2 제23호를 다음과 같이 한다.

23. 기술보증기금

⑳ 보건의료기술 진흥법 시행령 일부를 다음과 같이 개정한다.

제20조제2항제4호 중 “「기술신용보증기금법」에 따른 기술신용보증기금의 기술신용보증”을 “「기술보증기금법」에 따른 기술보증기금의 기술보증”으로 한다.

㉑ 보험업법 시행령 일부를 다음과 같이 개정한다.

제6조의2제3항제12호를 다음과 같이 한다.

12. 「기술보증기금법」에 따른 기술보증기금

제19조제2항제9호를 다음과 같이 한다.

9. 「기술보증기금법」

㉒ 부동산투자회사법 시행령 일부를 다음과 같이 개정한다.

제5조제1항제13호를 다음과 같이 한다.

13. 「기술보증기금법」

㉓ 대통령령 제26687호 사회재난 구호 및 복구 비용 부담기준 등에 관한 규정 일부를 다음과 같이 개정한다.

제6조제2항제3호를 다음과 같이 한다.

3. 「기술보증기금법」에 따른 기술보증기금

㉔ 산업기술단지 지원에 관한 특례법 시행령 일부를 다음과 같이 개정한다.

제15조제2호를 다음과 같이 한다.

2. 「기술보증기금법」 제12조에 따른 기술보증기금

㉕ 산업기술혁신 촉진법 시행령 일부를 다음과 같이 개정한다.

제21조제1항제8호를 다음과 같이 한다.

8. 「기술보증기금법」에 따른 기술보증기금의 기술보증

㉖ 산업발전법 시행령 일부를 다음과 같이 개정한다.

제19조제7항제5호 중 "「기술신용보증기금법」에 따른 기술신용보증기금"을 "「기술보증기금법」에 따른 기술보증기금"으로 한다.

별표 3 제13호를 다음과 같이 한다.

13. 「기술보증기금법」에 따른 기술보증기금

㉗ 산업집적활성화 및 공장설립에 관한 법률 시행령 일부를 다음과 같이 개정한다.

제49조의2제2호를 다음과 같이 한다.

2. 「기술보증기금법」에 따른 기술보증기금

㉘ 상법 시행령 일부를 다음과 같이 개정한다.

제34조제3항제16호를 다음과 같이 한다.

16. 「기술보증기금법」

제34조제6항제18호마목을 다음과 같이 한다.

마. 「기술보증기금법」에 따른 기술보증기금

㉙ 상속세 및 증여세법 시행령 일부를 다음과 같이 개정한다.

제35조제5항제1호를 다음과 같이 한다.

1. 「기술보증기금법」에 따른 기술보증기금

㉚ 상호저축은행법 시행령 일부를 다음과 같이 개정한다.

제27조제1항제9호를 다음과 같이 한다.

9. 「기술보증기금법」

㉛ 선주상호보험조합법 시행령 일부를 다음과 같이 개정한다.

제3조제16호를 다음과 같이 한다.

16. 「기술보증기금법」

㉜ 소재·부품전문기업 등의 육성에 관한 특별조치법 시행령 일부를 다음과 같이 개정한다.

별표 2 제4호를 다음과 같이 한다.

4. 「기술보증기금법」에 따른 기술보증기금

㉝ 수산업협동조합법 시행령 일부를 다음과 같이 개정한다.

제15조의3제11호를 다음과 같이 한다.

11. 「기술보증기금법」에 따른 기술보증기금

제27조의3제2항 단서 중 "「기술신용보증기금법」에 따른 기술신용보증기금"을 "「기술보증기금법」에 따른 기술보증기금"으로 한다.

㉞ 수출용 원재료에 대한 관세 등 환급에 관한 특례법 시행령 일부를 다음과 같이 개정한다.

제3조제1항제6호를 다음과 같이 한다.

6. 「기술보증기금법」에 따른 기술보증 및 신용보증

㉟ 신용보증기금법 시행령 일부를 다음과 같이 개정한다.

제19조의2제2항 중 "「기술신용보증기금법」에 따라 설립된 기술신용보증기금"을 "「기술보증기금법」에 따라 설립된 기술보증기금"으로 한다.

㊱ 신용정보의 이용 및 보호에 관한 법률 시행령 일부를 다음과 같이 개정한다.

제5조제1항제17호를 다음과 같이 한다.

17. 「기술보증기금법」에 따른 기술보증기금

㊲ 엔지니어링산업 진흥법 시행령 일부를 다음과 같이 개정한다.

제18조제2항제9호를 다음과 같이 한다.

9. 「기술보증기금법」에 따른 기술보증기금의 기술보증

㊳ 여성기업지원에 관한 법률 시행령 일부를 다음과 같이 개정한다.

제4조제3항제5호를 다음과 같이 한다.

5. 「기술보증기금법」 제19조에 따른 기술보증기금의 전무이사

㊴ 온천법 시행령 일부를 다음과 같이 개정한다.

제14조제1항제3호라목를 다음과 같이 한다.

라. 「기술보증기금법」에 따른 기술보증기금

㊵ 은행법 시행령 일부를 다음과 같이 개정한다.

제13조제1항제9호를 다음과 같이 한다.

9. 「기술보증기금법」

㊶ 인지세법 시행령 일부를 다음과 같이 개정한다.

제6조제2항 중 "「기술신용보증기금법」에 따른 기술신용보증기금"을 "「기술보증기금법」에 따른 기술보증기금"으로 한다.

㊷ 자본시장과 금융투자업에 관한 법률 시행령 일부를 다음과 같이 개정한다.

제10조제3항제11호를 다음과 같이 한다.

11. 「기술보증기금법」에 따른 기술보증기금

제27조제1항제9호를 다음과 같이 한다.

9. 「기술보증기금법」

제74조제1항제9호를 다음과 같이 한다.

9. 「기술보증기금법」에 따른 기술보증기금

제118조의18제3항제4호나목 중 "「기술신용보증기금법」"을 "「기술보증기금법」"으로 한다.

제271조의20제1항제9호를 다음과 같이 한다.

9. 「기술보증기금법」

제271조의27제1항제3호를 다음과 같이 한다.

3. 「기술보증기금법」에 따른 기술보증기금

제285조제2항제5호를 다음과 같이 한다.

5. 「기술보증기금법」에 따른 기술보증기금

제324조의3제1항제17호를 다음과 같이 한다.

17. 「기술보증기금법」에 따른 기술보증기금

제328조제1항 단서 중 "「기술신용보증기금법」에 따른 기술신용보증기금"을 "「기술보증기금법」에 따른 기술보증기금"으로 한다.

제362조제8항제9호를 다음과 같이 한다.

9. 「기술보증기금법」에 따른 기술보증기금

㊸ 자산유동화에관한법률시행령 일부를 다음과 같이 개정한다.

제2조제6호 중 "기술신용보증기금법에 의한 기술신용보증기금"을 "「기술보증기금법」에 따른 기술보증기금"으로 한다.

㊹ 재난구호 및 재난복구 비용 부담기준 등에 관한 규정 일부를 다음과 같이 개정한다.

제12조제2항제3호를 다음과 같이 한다.

3. 「기술보증기금법」에 따른 기술보증기금

㊺ 재해경감을 위한 기업의 자율활동 지원에 관한 법률 시행령

일부를 다음과 같이 개정한다.

제14조제2호를 다음과 같이 한다.

2. 「기술보증기금법」에 따른 기술보증기금

㊻ 전력기술관리법 시행령 일부를 다음과 같이 개정한다.

제7조의4제4항제3호를 다음과 같이 한다.

3. 「기술보증기금법」에 따른 기술보증기금의 기술보증

㊼ 전자금융거래법 시행령 일부를 다음과 같이 개정한다.

제2조제18호를 다음과 같이 한다.

18. 「기술보증기금법」에 따른 기술보증기금

제22조제2항제3호를 다음과 같이 한다.

3. 「기술보증기금법」에 따른 기술보증기금

별표 1의2 제19호를 다음과 같이 한다.

19. 「기술보증기금법」

㊽ 조세특례제한법 시행령 일부를 다음과 같이 개정한다.

제7조의2제5항 중 "기술신용보증기금"을 "기술보증기금"으로 한다.

제99조의6제1항제2호 중 "「기술신용보증기금법」에 따른 기술신용보증기금(이하 이 조에서 "기술신용보증기금"으로 한다)"을 "「기술보증기금법」에 따른 기술보증기금(이하 이 조에서 "기술보증기금"으로 한다)"으로 하고, 같은 조 제10항제1호 중 "기술신용보증기금"을 "기술보증기금"으로 한다.

㊾ 주민등록법 시행령 일부를 다음과 같이 한다.

별표 2 제3호다목을 다음과 같이 한다.

다. 「기술보증기금법」에 따른 기술보증기금

㊿ 중소기업 기술혁신 촉진법 시행령 일부를 다음과 같이 개정한다.

제5조제1항제5호를 다음과 같이 한다.

5. 「기술보증기금법」 제12조에 따른 기술보증기금

〈51〉 중소기업 사업전환 촉진에 관한 특별법 시행령 일부를 다음과 같이 개정한다.

제14조제4호를 다음과 같이 한다.

4. 「기술보증기금법」에 따른 기술보증기금

〈52〉 중소기업수출지원센터의 설치 및 운영 등에 관한 규정 일부를 다음과 같이 개정한다.

제2조제6호를 다음과 같이 한다.

6. 「기술보증기금법」 제12조에 따른 기술보증기금

〈53〉 중소기업진흥에 관한 법률 시행령 일부를 다음과 같이 개정한다.

제39조제7호를 다음과 같이 한다.

7. 「기술보증기금법」에 따른 기술보증기금

제54조의9제2항제8호를 다음과 같이 한다.

8. 「기술보증기금법」에 따른 기술보증기금 이사장

〈54〉 중소기업창업 지원법 시행령 일부를 다음과 같이 개정한다.

제9조제2항제12호를 다음과 같이 한다.

12. 「기술보증기금법」

〈55〉 지방세기본법 시행령 일부를 다음과 같이 개정한다.

별표 2 제163호 과세자료제출기관란 중 "「기술신용보증기금법」에 따른 기술신용보증기금"을 "「기술보증기금법」에 따른 기술보증기금"으로 한다.

〈56〉 지방자치단체를 당사자로 하는 계약에 관한 법률 시행령 일부를 다음과 같이 개정한다.

제37조제2항제4호바목을 다음과 같이 한다.

바. 「기술보증기금법」에 따른 기술보증기금

〈57〉 특정 금융거래정보의 보고 및 이용 등에 관한 법률 시행령 일부를 다음과 같이 개정한다.

제2조제2호를 다음과 같이 한다.

2. 「기술보증기금법」에 따른 기술보증기금

〈58〉 특정범죄 가중처벌 등에 관한 법률 시행령 일부를 다음과 같이 개정한다.

제2조제7호를 다음과 같이 한다.

7. 기술보증기금

〈59〉 한국조폐공사법시행령 일부를 다음과 같이 개정한다.

제10조제2호 중 "기술신용보증기금"을 "기술보증기금"으로 한다.

제3조(다른 법령과의 관계) 이 영 시행 당시 다른 법령에서 종전의 「기술신용보증기금법 시행령」 또는 그 규정을 인용하고 있는 경우 이 영 중 그에 해당하는 규정이 있는 때에는 종전의 규정을 갈음하여 이 영 또는 이 영의 해당 규정을 인용한 것으로 본다.

부칙 〈제27805호, 2017. 1. 24.〉

이 영은 공포한 날부터 시행한다.

부칙 〈제28218호, 2017. 7. 26.〉 (금융위원회와 그 소속기관 직제)

제1조(시행일) 이 영은 공포한 날부터 시행한다.

제2조 생략

제3조(다른 법령의 개정) ① 생략

② 기술보증기금법 시행령 일부를 다음과 같이 개정한다.

제4조제1항제3호, 제22조의4제1항 단서, 제22조의7제1항제3호, 같은 조 제2항 단서, 같은 조 제3항 단서, 제22조의8제2항 후단, 제23조제2항 단서, 같은 조 제3항 단서, 제24조제2항, 제25조 및 제26조제1항제2호 중 "금융위원회가"를 각각 "중소벤처기업부장관이"로 한다.

제13조 중 "총리령"을 "금융위원회와 협의하여 중소벤처기업부령"으로 한다.

제19조 중 "금융위원회"를 "중소벤처기업부장관"으로 한다.

제30조제2항 중 "금융위원회에"를 "중소벤처기업부장관에게"로 한다.

제30조의2제2항 각 호 외의 부분 중 "금융위원회(법 제47조제2항에 따라 금융위원회의 업무를 위탁받은 자를 포함한다)는"을 "중소벤처기업부장관(법 제47조제2항에 따라 중소벤처기업부장관의 요청을 받은 금융위원회를 포함한다)은"으로 한다.

③부터 ⑨까지 생략

부칙 〈제29140호, 2018. 9. 4.〉

이 영은 공포한 날부터 시행한다.

부칙 〈제30893호, 2020. 8. 4.〉 (신용정보의 이용 및 보호에 관한 법률 시행령)

제1조(시행일) ① 이 영은 2020년 8월 5일부터 시행한다. 〈단서 생략〉

② 및 ③ 생략

제2조 생략

제3조(다른 법령의 개정) ①부터 ⑯까지 생략

⑰ 기술보증기금법 시행령 일부를 다음과 같이 개정한다.

제30조제1항제3호 중 "「신용정보의 이용 및 보호에 관한 법률」 제2조제5호에 따른 신용정보회사"를 "「신용정보의 이용 및 보호에 관한 법률」에 따른 신용정보회사 및 채권추심회사"로 한다.

⑱부터 〈65〉까지 생략

제4조 생략

부칙 〈제31221호, 2020. 12. 8.〉 (소프트웨어 진흥법 시행령)

제1조(시행일) 이 영은 2020년 12월 10일부터 시행한다.

제2조 부터 제7조까지 생략

제8조(다른 법령의 개정) ① 및 ② 생략

③ 기술보증기금법 시행령 일부를 다음과 같이 개정한다.

별표 1 제13호 중 "「소프트웨어산업 진흥법」 제11조"를 "「소프트웨어 진흥법」 제25조제3항"으로 한다.

④부터 ⑳까지 생략

제9조 생략

부칙 〈제31380호, 2021. 1. 5.〉 (어려운 법령용어 정비를 위한 473개 법령의 일부개정에 관한 대통령령)

이 영은 공포한 날부터 시행한다. 〈단서 생략〉

부칙 〈제32091호, 2021. 10. 21.〉 (자본시장과 금융투자업에 관한 법률 시행령)

제1조(시행일) 이 영은 2021년 10월 21일부터 시행한다.

제2조 부터 제5조까지 생략

제6조(다른 법령의 개정) ①부터 ⑤까지 생략

⑥ 기술보증기금법 시행령 일부를 다음과 같이 개정한다.

제27조의2제3호 중 "기업재무안정 경영참여형 사모집합투자기구"를 "기업재무안정 사모집합투자기구"로 한다.

⑦부터 ㉕까지 생략

부칙 〈제32161호, 2021. 11. 30.〉

이 영은 공포한 날부터 시행한다.

부칙 〈제32449호, 2022. 2. 17.〉 (한국자산관리공사 설립 등에 관한 법률 시행령)

제1조(시행일) 이 영은 2022년 2월 18일부터 시행한다.

제2조(다른 법령의 개정) ①부터 ⑰까지 생략

⑱ 기술보증기금법 시행령 일부를 다음과 같이 개정한다.

제27조의2제1호 중 "「금융회사부실자산 등의 효율적 처리 및 한

국자산관리공사의 설립에 관한 법률」에 따라 설립된"을 "「한국자산관리공사 설립 등에 관한 법률」에 따른"으로 한다.

제30조제1항제2호 중 "「금융회사부실자산 등의 효율적 처리 및 한국자산관리공사의 설립에 관한 법률」"을 "「한국자산관리공사 설립 등에 관한 법률」"로 한다.

⑲부터 〈55〉까지 생략

제3조 생략

부칙 〈제32945호, 2022. 10. 4.〉

이 영은 공포한 날부터 시행한다.

부칙 〈제33432호, 2023. 4. 25.〉

이 영은 공포한 날부터 시행한다.

부칙 〈제35228호, 2025. 1. 21.〉 (법인 등기규정 정비를 위한 78개 법령의 일부개정에 관한 대통령령)

이 영은 2025년 1월 31일부터 시행한다.

별표 / 서식

[별표 1] 다른 법령에 규정된 기술개발사업(제3조제1항제4호 관련)

[별표 2] 과태료의 부과기준(제32조 관련)

기술보증기금법 시행규칙

[시행 2021. 6. 24.] [중소벤처기업부령 제45호, 2021. 6. 24., 타법개정]

**개정 예정 법률 밑줄 별도 표시.

기술보증기금법 시행규칙

[시행 2021. 6. 24.] [중소벤처기업부령 제45호, 2021. 6. 24., 타법개정]

제1조(목적) 이 규칙은 「기술보증기금법」 및 같은 법 시행령에서 위임된 사항과 그 시행에 필요한 사항을 규정함을 목적으로 한다. 〈개정 2005. 8. 26., 2016. 12. 13.〉

제2조(정의) 이 규칙에서 사용하는 용어의 정의는 이 규칙에 특별한 규정이 있는 것을 제외하고는 「기술보증기금법」(이하 "법"이라 한다) 및 같은 법 시행령(이하 "영"이라 한다)이 정하는 바에 따른다. 〈개정 2005. 8. 26., 2016. 12. 13.〉

제3조(신기술사업금융업자의 융자금의 범위) ①「여신전문금융업법」에 따라 신기술사업금융업의 등록을 한 여신전문금융회사(이하 "신기술사업금융업자"라 한다)가 법 제13조제3항에 따라 기술보증기금에 출연해야 하는 출연금의 기준이 되는 융자금의 범위는 제1호의 대출금에서 제2호의 대출금을 제외한 대출금(이하 "신기술사업금융업자출연기준융자금"이라 한다)으로 한다. 〈개정 2015. 3. 23., 2016. 12. 13., 2021. 6. 24.〉

1. 대차대조표의 계정과목 중 신기술금융대출금
2. 다음 각 목의 어느 하나에 해당하는 대출금

가. 국가 또는 지방자치단체 및 공공단체로부터 자금 또는 기금을 대출받아 이를 재원으로 하는 재정자금대출금 및 공공기금대출금

나. 차관자금대출금

다. 금융회사로부터의 차입금을 재원으로 하는 대출금

라. 정부로부터 이자차액을 보전받는 대출금

②제1항 각 호의 대출금에 대한 판정은 신기술사업금융업자가 「여신전문금융업법」 제54조 및 같은 법 시행령 제23조의2에 따라 「금융위원회의 설치 등에 관한 법률」에 따른 금융감독원의 원장에게 제출하는 대차대조표 및 그 계정과목을 기준으로 한다. 〈개정 2008. 3. 3., 2015. 3. 23.〉

[본조신설 2007. 6. 4.]

제4조(금융회사의 융자금의 범위) ①금융회사가 법 제13조제3항에 따라 기술보증기금에 출연해야 하는 출연금의 기준이 되는 융자금의 범위는 제1호의 대출금에서 제2호의 대출금을 제외한 대출금(이하 "금융회사출연기준융자금"이라 한다)으로 한다. 다만, 2020년 6월 30일까지 법 제2조제3호바목 및 사목에 따른 농협은행 및 수협은행의 금융회사출연기준융자금에 관하여는 「농림수산업자 신용보증법 시행규칙」 제1조의2제2항제1호에 따른다. 〈개정 2008. 3. 3., 2009. 3. 31., 2009. 11. 26., 2015. 3. 23., 2016. 12. 13., 2017. 7. 26., 2018. 11. 13., 2020. 2. 21., 2021. 6. 24.〉

1. 대차대조표의 계정과목 중 다음 각 목의 어느 하나에 해당하는 대출금

가. 은행계정 중 대출채권

나. 신탁계정 중 다음 각각의 어느 하나에 해당하는 것

1) 대출금

2) 사모사채(기업으로부터 직접 매입한 것에 한한다)

3) 매입어음(기업으로부터 직접 매입한 기업어음에 한한다)

4) 신용카드채권(기업구매전용카드와 기업판매전용카드의 대금채권에 한한다)

다. 종금계정 중 다음 각각의 어느 하나에 해당하는 것

1) 할인어음

2) 할인무역어음

3) 팩터링어음(기업이 상거래와 관련하여 취득한 어음을 팩터링 회사가 사들인 후 관리ㆍ회수하는 어음을 말한다)

4) 지급보증대지급금

5) 어음관리계좌 운용자산

2. 다음 각 목의 어느 하나에 해당하는 대출금

가. 은행계정의 대출채권 과목 중 다음 각각의 어느 하나에 해당하는 대출금

1) 원화대출금 중 다음 각각의 어느 하나에 해당하는 대출금

가) 기업자금대출금 중 시설자금대출금

나) 가계자금대출금

2) 외화대출금 중 다음 각각의 어느 하나에 해당하는 대출금

가) 시설자금대출금

나) 금융회사가 외국에 설치한 지점ㆍ대리점, 그 밖의 영업소 또는 사무소가 현지에서 대출한 대출금

다) 수입대금 결제를 위하여 수입기업과 거래하는 금융회사가 그 기업의 상대방에게 직접 송금하는 방식으로 이루어지는 수입기업에 대한 대출금으로서 상환기간이 1년 이하인 것

3) 내국수입 유전스(수입 관련 기한부 어음)

4) 역외외화대출금

5) 콜론(Call Loan: 초단기 자금 대여)

6) 매입어음(기업으로부터 직접 매입한 기업어음을 제외한다)

7) 매입외환

8) 신용카드채권(기업구매전용카드와 기업판매전용카드의 대금채권을 제외한다)

9) 직불카드채권(기업구매전용카드와 기업판매전용카드의 대금채권을 제외한다)

10) 환매조건부채권매수

11) 팩터링채권(금융회사가 취득한 외상매출채권. 다만, 금융회사가 외상매출채권의 양도인에 대하여 상환청구권을 행사할 수 있는 것으로 약정된 것은 제외한다)

12) 출자전환채권

13) 금대출

나. 신탁계정의 대출금 과목 중 다음 각각의 어느 하나에 해당하는 대출금

1) 기업자금대출금 중 시설자금대출금

2) 가계자금대출금

다. 종금계정의 할인어음과 어음관리계좌 운용자산 과목 중 다

음 각각의 어느 하나에 해당하는 대출금

1) 할인어음 중 매입한 날부터 5영업일 이내에 매도하는 것

2) 어음관리계좌 운용자산 과목 중 다음 각각의 어느 하나에 해당하는 것

가) 어음관리계좌 할인어음 중 매입한 날부터 5영업일 이내에 매도하는 것

나) 어음관리계좌 유가증권

다) 어음관리계좌 예금

라) 어음관리계좌 기타운용자산

라. 국가 또는 지방자치단체 및 공공단체로부터 자금 또는 기금을 대출받아 이를 재원으로 하는 재정자금대출금 및 공공기금대출금

마. 차관자금대출금

바. 금융회사간의 대출금

사. 「한국수출입은행법」 제18조에 따른 한국수출입은행의 대출금(대출금의 용도를 특정한 수출거래에 한정하지 아니하고 대출하는 것으로서 상환기간이 1년 미만인 대출금을 제외한다)

아. 「한국주택금융공사법 시행규칙」 제3조에 따른 기금출연기준대출금 및 같은 법 시행규칙 제5조에 따른 계정출연기준대출금

자. 「금융회사부실자산 등의 효율적 처리 및 한국자산관리공사의 설립에 관한 법률」 제38조에 따라 설치된 부실채권정리기금에 대한 대출금

차. 「예금자보호법」 제24조제1항에 따라 설치된 예금보험기금에 대한 대출금

카. 「무역보험법」 제30조에 따라 설치된 무역보험기금에 대한 대출금

타. 기업의 투자촉진을 위한 특별설비자금 대출금

파. 기업의 설비투자를 지원하기 위한 대출금 중 외화자금을 재원으로 하는 원화대출금으로서 중소벤처기업부장관이 정하는 것

하. 중소기업의 구조개선사업에 지원되는 대출금 중 중소벤처기업부장관이 정하는 것

거. 「조세특례제한법」 제63조의2제1항에 따른 수도권외 지역이전법인에 대한 대출금 중 한국산업은행으로부터의 차입금을 재원으로 하는 대출금

너. 법률 제3930호 근로자의주거안정과목돈마련지원에관한법률 제45조제1항에 따른 재산형성저축가입자에 대한 대출금

더. 법률 제5584호 조세특례제한법 개정법률 부칙 제12조제2항에 따른 합리화대상기업에 대한 대출금 중 이자가 감면되거나 이자의 징수가 유예되는 대출금

러. 생계형 금융채무불이행자의 신용회복을 지원하기 위하여 한국은행으로부터의 차입금을 재원으로 하여 「금융회사부실자산 등의 효율적 처리 및 한국자산관리공사의 설립에 관한 법률」에 따른 한국자산관리공사(이하 "한국자산관리공사"라 한다)에 대출하는 대출금

머. 은행의 자본을 확충하기 위하여 한국은행으로부터의 차입금 또는 자체 자금을 재원으로 하여 한국자산관리공사 또는 한국자산관리공사가 출자한 회사에 대출하는 대출금

버. 종전의 한국정책금융공사(법률 제12663호 한국산업은행법

전부개정법률 부칙 제2조에 따라 폐지되기 전의 「한국정책금융공사법」에 따른 한국정책금융공사를 말한다)로부터 대출받은 자금을 재원으로 하는 대출금

서. 「한국산업은행법」에 따른 한국산업은행(이하 "한국산업은행"이라 한다)으로부터 대출받은 자금(법률 제12663호 한국산업은행법 전부개정법률 부칙 제7조에 따라 한국산업은행이 한국정책금융공사로부터 승계한 대출업무에 따라 같은 법 시행일 이후 한국산업은행으로부터 대출받은 자금으로 한정한다)을 재원으로 하는 대출금

어. 서목에 따른 대출금(다음의 어느 하나에 해당하는 자가 서목에 따른 대출업무에 따라 법률 제12663호 한국산업은행법 전부개정법률의 시행일 이후 한국산업은행으로부터 대출받은 자금을 재원으로 하는 대출금을 포함한다)의 재원이 되는 한국산업은행의 대출금

1) 「농업협동조합법」에 따른 농협은행

2) 「수산업협동조합법」에 따른 수협은행

3) 「여신전문금융업법」에 따른 여신전문금융회사 및 겸영여신업자

4) 그 밖에 중소벤처기업부장관이 정하여 고시하는 자

저. 법률 제12663호 한국산업은행법 전부개정법률 부칙 제6조 제2항에 따라 합병으로 한국산업은행이 한국정책금융공사로부터 승계한 대출채권의 대출금(합병등기일 전에 한국정책금융공사가 대출계약을 체결한 경우로서 합병등기일 이후 그 대출계약에 따라 한국산업은행이 한 대출금을 포함한다)

처. 「한국수출입은행법」에 따른 한국수출입은행으로부터 대출받은 자금을 재원으로 하는 대출금

②제1항 각 호의 대출금에 대한 판정은 금융회사가 「은행법」 제43조의2, 「한국산업은행법」 제34조 및 제36조, 「중소기업은행법」 제46조 및 제48조, 「한국수출입은행법」 제39조 및 제41조, 「농업협동조합법」 제161조의11, 「수산업협동조합법」 제141조의4, 그 밖의 관련 법령에 따라 「금융위원회의 설치 등에 관한 법률」에 따른 금융감독원의 원장에게 제출하는 대차대조표 및 그 계정과목을 기준으로 한다. 〈개정 2008. 3. 3., 2009. 11. 26., 2015. 3. 23., 2020. 2. 21.〉

[전문개정 2007. 6. 4.]

[제목개정 2015. 3. 23.]

제5조(출연의 금액ㆍ시기 및 방법) ①신기술사업금융업자는 매 분기말 현재 신기술사업금융업자출연기준융자금의 분기중 평균잔액에 대하여 연율 1천분의 3에 해당하는 금액을 매 분기 종료 후 다음 달 말일까지 기술보증기금에 출연해야 한다. 〈개정 2007. 6. 4., 2016. 12. 13., 2021. 6. 24.〉

②금융회사는 매 월말 현재 금융회사출연기준융자금의 월중 평균잔액에 대하여 별표 1의 출연요율에 해당하는 금액(이하 "기준금액"이라 한다)에 별표 2에 따라 산출된 금액을 가산하거나 감액하여 다음 달 말일까지 기술보증기금에 출연해야 한다. 〈신설 2007. 6. 4., 2015. 3. 23., 2015. 4. 3., 2016. 12. 13., 2021. 6. 24.〉

③신기술사업금융업자 또는 금융회사는 제1항 또는 제2항에 따라

출연하는 때에는 다음 각 호의 서류를 기술보증기금에 제출해야 한다. 다만, 2020년 6월 30일까지 법 제2조제3호바목 및 사목에 따른 농협은행 및 수협은행의 서류 제출에 관하여는 「농림수산업자 신용보증법 시행규칙」 제1조의3제2항에 따른다. 〈신설 2007. 6. 4., 2008. 3. 3., 2015. 3. 23., 2016. 12. 13., 2017. 7. 26., 2020. 2. 21., 2021. 6. 24.〉

1. 출연금계산서

2. 월중 평균잔액 또는 분기중 평균잔액을 증빙하는 서류

3. 제3조제1항제2호 각 목 및 제4조제1항제2호 각 목의 어느 하나에 해당하는 대출금의 명세서

4. 그 밖에 중소벤처기업부장관이 정하여 고시하는 서류

④제1항 및 제2항에도 불구하고 신기술사업금융업자 또는 금융회사는 기술보증기금이 수납할 출연대상금액, 수납시기, 사후정산방법 등에 대하여 중소벤처기업부장관의 승인을 얻어 요청하는 경우에는 장래에 납부할 출연금을 미리 납부할 수 있다. 〈신설 2005. 8. 26., 2007. 6. 4., 2008. 3. 3., 2015. 3. 23., 2016. 12. 13., 2017. 7. 26.〉

[제목개정 2007. 6. 4.]

제5조의2(과오납 출연금의 정산) 신기술사업금융업자 또는 금융회사는 제3조부터 제5조까지의 규정에 따라 산정된 출연금보다 많거나 적은 출연금을 납부한 경우에는 다음 달 출연금에 해당 금액을 가감하여 납부해야 한다. 〈개정 2021. 6. 24.〉

[본조신설 2018. 11. 13.]

제6조(규제의 재검토) 중소벤처기업부장관은 별표 2에 따른 기준금액에 가산·감액되는 금액에 대하여 2015년 3월 1일을 기준으로 2년마다(매 2년이 되는 해의 3월 1일 전까지를 말한다) 그 타당성을 검토하여 개선 등의 조치를 해야 한다. 〈개정 2017. 7. 26., 2021. 6. 24.〉

[본조신설 2015. 4. 3.]

부칙 〈제1718호, 1987. 7. 16.〉

이 규칙은 공포한 날로부터 시행한다.

부칙 〈제1730호, 1987. 12. 17.〉 (근로자의주거안정과목돈마련지원에관한법률시행규칙)

제1조 (시행일) 이 규칙은 1988년 1월 1일부터 시행한다.

제2조 및 제3조 생략

제4조 (다른 법령의 개정) ①생략

②신기술사업금융지원에관한법률시행규칙중 다음과 같이 개정한다.

제4조제1항제2호 다목중 "저축증대와근로자재산형성지원에관한법률 제26조제1항"을 "근로자의주거안정과목돈마련지원에관한법률 제45조제1항"으로 한다.

제4조제1항제2호에 자목을 다음과 같이 신설한다.

자.근로자의주거안정과목돈마련지원에관한법률시행규칙 제8조의 규정에 의한 출연기준대출금

부칙 〈제1786호, 1989. 4. 1.〉

이 규칙은 1989년 4월 1일부터 시행한다.

부칙 〈제1801호, 1989. 12. 8.〉

①(시행일) 이 규칙은 공포한 날부터 시행한다.

②(적용례) 제4조제1항제2호 카목의 개정규정은 대출조건 · 방법등에 관하여 1989년 11월 28일의 산업정책심의회의 의결을 거친 것으로서 1989년 12월 1일이후에 대출된 것에 한하여 이를 적용한다.

부칙 〈제1856호, 1991. 3. 30.〉

이 규칙은 공포한 날부터 시행한다.

부칙 〈제1881호, 1992. 4. 24.〉

①(시행일) 이 규칙은 공포한 날부터 시행한다.

②(적용례) 제4조제1항제2호의 개정규정은 이 규칙 시행일이 속하는 달에 출연의무가 발생하는 분부터 적용한다.

부칙 〈제1892호, 1992. 8. 25.〉

이 규칙은 공포한 날부터 시행한다.

부칙 〈제1898호, 1992. 12. 17.〉

①(시행일) 이 규칙은 공포한 날부터 시행한다.

②(적용례) 제4조제1항제2호 파목의 개정 규정은 재무부장관이 당

해대출금으로 정하는 날이 속하는 달에 출연의무가 발생하는 분부터 적용한다.

부칙 〈제1922호, 1993. 4. 27.〉

①(시행일) 이 규칙은 공포한 날부터 시행한다.

②(적용례) 제4조제1항제2호 하목의 개정규정은 재무부장관이 중소기업의 구조개선사업에 지원되는 대출금으로 정하는 날이 속하는 달에 출연의무가 발생하는 분부터 적용한다.

부칙 〈제2002호, 1994. 8. 25.〉

①(시행일) 이 규칙은 공포한 날부터 시행한다.

②(적용례) 제4조제1항제2호의 개정규정은 이 규칙 시행일이 속하는 달에 출연의무가 발생하는 분부터 적용한다.

부칙 〈제668호, 1997. 12. 31.〉

①(시행일) 이 규칙은 1998년 1월 1일부터 시행한다. 다만, 제4조제1항제2호의 개정규정은 공포한 날부터 시행한다.

②(적용례) 제4조제1항제1호 및 제2호의 개정규정은 이 규칙 시행일이 속하는 달에 출연의무가 발생하는 분부터 적용한다.

부칙 〈제67호, 1999. 3. 12.〉

①(시행일) 이 규칙은 공포한 날부터 시행한다.

②(적용례) 제4조제1항제2호 너목의 개정규정은 이 규칙 시행일이

속하는 달에 출연의무가 발생하는 분부터 적용한다.

부칙 〈제176호, 2001. 1. 20.〉

①(시행일) 이 규칙은 2001년 2월 1일부터 시행한다.

②(적용례) 제4조제1항제2호 더목 및 러목의 개정규정은 이 규칙 시행일이 속하는 달에 출연의무가 발생하는 분부터 적용한다.

부칙 〈제458호, 2005. 8. 26.〉

①(시행일) 이 규칙은 공포한 날부터 시행한다.

②(출연금에 관한 적용례) 제4조제1항제2호의 개정규정은 이 규칙의 시행일이 속하는 달에 출연의무가 발생하는 분부터 적용한다.

부칙 〈제481호, 2006. 1. 24.〉

①(시행일) 이 규칙은 공포한 날부터 시행한다.

②(적용례) 별표의 개정규정은 이 규칙의 시행일이 속하는 달에 출연의무가 발생하는 분부터 적용한다.

부칙 〈제491호, 2006. 2. 22.〉

①(시행일) 이 규칙은 공포한 날부터 시행한다.

②(출연금에 관한 적용례) 제4조제1항제2호 머목의 개정규정은 이 규칙의 시행일이 속하는 달에 출연의무가 발생하는 분부터 적용한다.

부칙 〈제562호, 2007. 6. 4.〉

제1조 (시행일) 이 규칙은 2007년 7월 1일부터 시행한다.

제2조 (수도권생활지역외 지역이전법인에 대한 대출금에 관한 경과조치) 종전의 제4조제1항제2호더목에 따른 대출금은 제4조제1항제2호거목의 개정규정에 불구하고 금융기관출연기준융자금에서 제외한다.

부칙 〈제875호, 2008. 3. 3.〉 (금융위원회와 그 소속기관 직제 시행규칙)

제1조(시행일) 이 규칙은 공포한 날부터 시행한다.

제2조 부터 제4조 까지 생략

제5조(다른 법령의 개정) ① 부터 ④ 까지 생략

⑤ 기술신용보증기금법 시행규칙 일부를 다음과 같이 개정한다.

제4조제1항제2호파목·하목 및 제5조제3항제4호 중 "재정경제부장관이"를 각각 "금융위원회가"로 한다.

제5조제4항 중 "재정경제부장관"을 "금융위원회"로 한다.

제3조제2항 및 제4조제2항 중 "「금융감독기구의 설치 등에 관한 법률」"을 각각 "「금융위원회의 설치 등에 관한 법률」"로 한다.

⑥ 부터 ⑳ 까지 생략

부칙 〈제896호, 2009. 3. 31.〉

제1조(시행일) 이 규칙은 공포한 날부터 시행한다.

제2조(출연금에 관한 적용례) 제4조제1항제2호머목의 개정규정은 이 규칙의 시행일이 속하는 달에 출연의무가 발생하는 분부터 적용한다.

부칙 〈제919호, 2009. 11. 26.〉

제1조(시행일) 이 규칙은 공포한 날부터 시행한다.

제2조(출연금에 관한 적용례) 제4조제1항제2호버목의 개정규정은 이 규칙의 시행일이 속하는 달에 출연의무가 발생하는 분부터 적용한다.

부칙 〈제1151호, 2015. 3. 23.〉

제1조(시행일) 이 규칙은 공포한 날부터 시행한다.

제2조(출연금에 관한 적용례) 제4조제1항제2호버목부터 저목까지의 개정규정은 법률 제12663호 한국산업은행법 전부개정법률 부칙 제4조제6항에 따른 합병의 등기를 한 날이 속하는 달에 출연의무가 발생하는 분부터 적용한다.

부칙 〈제1157호, 2015. 4. 3.〉

제1조(시행일) 이 규칙은 공포한 날부터 시행한다. 다만, 제5조제2항의 개정규정 중 별표 2에 따라 가산되는 부분과 별표 2의 개정규정 중 가산되는 부분은 2015년 9월 1일부터 시행한다.

제2조(출연금에 관한 적용례) 제5조제2항 및 별표 2의 개정규정은 이 규칙 시행일이 속하는 달에 출연의무가 발생하는 분부터 적용한다. 다만, 제5조제2항의 개정규정 중 별표 2에 따라 가산되는 부분과 별표 2의 개정규정 중 가산되는 부분은 부칙 제1조 단서에 따른 시행일이 속하는 달에 출연의무가 발생하는 분부터 적용한다.

부칙 〈제1337호, 2016. 12. 13.〉

제1조(시행일) 이 규칙은 공포한 날부터 시행한다.

제2조(출연금에 관한 적용례) 별표 2의 개정규정은 이 규칙 시행일이 속하는 달에 출연의무가 발생하는 분부터 적용한다.

제3조(다른 법령의 개정) 금융위원회와 그 소속기관 직제 시행규칙 일부를 다음과 같이 개정한다.

제9조제5항제4호 중 "기술신용보증기금"을 "기술보증기금"으로 한다.

부칙 〈제1호, 2017. 7. 26.〉 (중소벤처기업부와 그 소속기관 직제 시행규칙)

제1조(시행일) 이 규칙은 공포한 날부터 시행한다.

제2조 부터 제5조까지 생략

제6조(다른 법령의 개정) ① 기술보증기금법 시행규칙 일부를 다음과 같이 개정한다.

제4조제1항제2호파목·하목, 같은 호 어목4), 제5조제3항제4호, 같은 조 제4항 및 제6조 중 "금융위원회"를 각각 "중소벤처기업부장관"으로 한다.

②부터 ⑬까지 생략

부칙 〈제9호, 2018. 11. 13.〉

제1조(시행일) 이 규칙은 공포한 날부터 시행한다.

제2조(출연금에 관한 적용례) 제4조제1항제2호처목의 개정규정은 이 규칙 시행일이 속하는 달에 출연의무가 발생하는 분부터 적용한다.

부칙 〈제25호, 2020. 2. 21.〉

제1조(시행일) 이 규칙은 2020년 2월 21일부터 시행한다.

제2조(출연금에 관한 적용례) 제4조제1항 각 호 외의 부분 단서, 제5조제3항 각 호 외의 부분 단서 및 별표 1의 개정규정은 이 규칙 시행일이 속하는 달에 출연의무가 발생하는 분부터 적용한다.

부칙 〈제45호, 2021. 6. 24.〉 (어려운 법령용어 정비를 위한 3개 법령의 일부개정에 관한 중소벤처기업부령)

이 규칙은 공포한 날부터 시행한다.

별표 / 서식

[별표 1] 출연요율(제5조제2항 관련)

[별표 2] 기준금액에 가산 · 감액되는 금액(제5조제2항 관련)

대한민국 법령 시리즈 90

기술보증기금법

법령 / 시행령 / 시행규칙

2025년 11월 18일 인쇄 정가 15,000원
2025년 11월 28일 발행

편 저 편집부
디 자 인 송영미
발 행 인 조준형
발 행 처 해광출판사
http://www.hgbookpub.com
E-mail : munbookcokr@naver.com
주 소 부산광역시 중구 해관로 41-1 (중앙동2가)
전화번호 (051) 253-0001 팩스 (051) 245-1187
등 록 제 2012-000005호

해광출판사에서는 여러분의 소중한 원고와 함께 할 기회를 기다리고 있습니다. 책으로 엮을 원고나 아이디어가 있으신 분들은 이메일 munbookcokr@naver.com로 책에 대한 간단한 개요와 원고 전체 또는 일부를 연락처와 함께 보내주십시오.

ISBN 979-11-6881-913-9

※ 법령 출처 : 법제처 국가법령정보센터
※ 본 도서는 〈공공데이터 제공 및 이용 활성화에 관한 법률〉을 근거로 출판되었습니다.

해광출판사 대한민국 법령 시리즈

001. 선원법
002. 어선법
003. 선박직원법
004. 해사안전기본법
005. 해양환경관리법
006. 선박의 입항 및 출항등에 관한 법률
007. 학교안전사고예방 및 보상에 관한 법률
008. 종합부동산세법
009. 방위사업법
010. 행정규제기본법
011. 식품산업진흥법
012. 위험물안전관리법
013. 화재의 예방 및 안전관리에 관한 법률
014. 도시가스사업법
015. 실내공기질관리법
016. 지방세법
017. 소득세법
018. 법인세법
019. 도선법
020. 선박안전법
021. 선박법
022. 수산업법
023. 고압가스안전관리법
024. 국민연금법
025. 공동주택관리법
026. 화학물질관리법
027. 어선원 및 어선 재해보상보험법
028. 장기등 이식에 관한 법률
029. 자연재해대책법
030. 공유재산 및 물품 관리법
031. 산업입지 및 개발에 관한 법률
032. 부정경쟁방지 및 영업비밀보호에 관한 법률
033. 금융지주회사법
034. 온실가스 배출권의 할당 및 거래에 관한 법률
035. 건축사법
036. 산림문화휴양에 관한 법률
037. 전기사업법
038. 사립학교법
039. 고등교육법
040. 액화석유가스의 안전관리 및 사업법
041. 선박투자회사법
042. 수산자원관리법
043. 위험물선박운송및저장규칙
044. 선박평형수관리법
045. 주택임대차보호법
046. 상가건물임대차보호법
047. 지방공기업법
048. 승강기안전관리법
049. 수목원·정원의 조성 및 진흥에 관한 법률
050. 민법
051. 치료감호 등에 관한 법률
052. 대부업 등의 등록 및 금융이용자 보호에 관한 법률
053. 사료관리법
054. 무형문화재 보전 및 진흥에 관한 법률
055. 총포·도검·화약류 등의 안전관리에 관한 법률
056. 경찰관직무집행법
057. 시설물의 안전 및 유지관리에 관한 특별법
058. 수산생물질병 관리법
059. 소비자기본법
060. 국제선박등록법
061. 정보통신망 이용촉진 및 정보보호 등에 관한 법률
062. 해운법
063. 농수산물 품질관리법
064. 수산업협동조합법
065. 해외건설촉진법
066. 수상레저안전법
067. 공무원재해보상법
068. 수상에서의 수색·구조 등에 관한 법률
069. 어촌어항법
070. 항만법
071. 항만운송사업법
072. 해양경비법
073. 해양사고의 조사 및 심판에 관한 법률
074. 외국인근로자의 고용 등에 관한 법률
075. 중소기업기본법
076. 자유무역지역의 지정 및 운영에 관한 법률
077. 대기환경보전법
078. 소음진동관리법
079. 폐기물관리법
080. 하수도법
081. 물환경보전법
082. 토양환경보전법
083. 환경정책기본법
084. 산업재해보상보험법
085. 관세법
086. 노동조합 및 노동관계조정법
087. 근로기준법
088. 군인연금법
089. 먹는물관리법
090. 기술보증기금법
091. 관광진흥법
092. 감염병의 예방 및 관리에 관한 법률
093. 사법경찰관리의 직무를 수행할 자와 그 직무범위에 관한 법률
094. 수의사법
095. 가정폭력방지 및 피해자보호 등에 관한 법률
096. 환경영향평가법
097. 체육시설의 설치·이용에 관한 법률
098. 장사 등에 관한 법률
099. 상호저축은행법
100. 은행법
101. 보호관찰 등에 관한 법률
102. 형법
103. 자동차관리법
104. 형사소송법
105. 전자금융거래법
106. 마약류 불법거래 방지에 관한 특례법
107. 도로법
108. 주세법
109. 변리사법
110. 하천법
111. 중소기업진흥에 관한 법률
112. 발달장애인 권리보장 및 지원에 관한 법률
113. 주택법
114. 장애인복지법
115. 농어업경영체 육성 및 지원에 관한 법률
116. 공인중개사법
117. 건강기능식품에 관한 법률
118. 예비군법
119. 개발제한구역의 지정 및 관리에 관한 특별조치법
120. 국유재산법
121. 주차장법
122. 환경기술 및 환경산업 지원법
123. 대기관리권역의 대기환경개선에 관한 특별법
124. 악취방지법
125. 미세먼지 저감 및 관리에 관한 특별법
126. 가축분뇨의 관리 및 이용에 관한 법률
127. 물의 재이용 촉진 및 지원에 관한 법률
128. 물관리기본법
129. 물관리기술 발전 및 물산업 진흥에 관한 법률
130. 자원의 절약과 재활용촉진에 관한 법률
131. 전기·전자제품 및 자동차의 자원순환에 관한 법률
132. 건설폐기물의 재활용촉진에 관한 법률
133. 수도권매립지관리공사의 설립 및 운영 등에 관한 법률
134. 폐기물의 국가 간 이동 및 그 처리에 관한 법률
135. 폐기물처리시설 설치촉진 및 주변지역지원 등에 관한 법률
136. 자원순환기본법
137. 잔류성오염물질 관리법
138. 환경분쟁 조정법

해광출판사 대한민국 법령 시리즈

139. 화학물질의 등록 및 평가 등에 관한 법률
140. 환경오염시설의 통합관리에 관한 법률
141. 환경오염피해 배상책임 및 구제에 관한 법률
142. 중소기업제품 구매촉진 및 판로지원에 관한 법률
143. 환경개선비용 부담법
144. 환경분야 시험·검사 등에 관한 법률
145. 환경친화적 산업구조로의 전환촉진에 관한 법률
146. 환경친화적 자동차의 개발 및 보급 촉진에 관한 법률
147. 환경범죄 등의 단속 및 가중처벌에 관한 법률
148. 생명윤리 및 안전에 관한 법률
149. 장애인차별금지 및 권리구제 등에 관한 법률
150. 부동산투자회사법
151. 정치자금법
152. 과학기술기본법
153. 대리점거래의 공정화에 관한 법률
154. 상속세 및 증여세법
155. 학원의 설립 · 운영 및 과외교습에 관한 법률
156. 해양심층수의 개발 및 관리에 관한 법률
157. 전기용품 및 생활용품 안전관리법
158. 사회기반시설에 대한 민간투자법
159. 공직선거법
160. 정당법
161. 유류오염손해배상 보장법
162. 부정청탁 및 금품등 수수의 금지에 관한 법률
163. 항로표지법
164. 어장관리법
165. 민방위기본법
166. 공직자윤리법
167. 선거관리위원회법
168. 유선 및 도선 사업법
169. 전기공사업법
170. 사회복지사업법
171. 택지개발촉진법
172. 국가공무원법
173. 민간임대주택에 관한 특별법
174. 어음법·수표법
175. 민사집행법
176. 상법
177. 문화예술진흥법
178. 중소기업협동조합법
179. 농업협동조합법
180. 도로교통법
181. 의료사고 피해구제 및 의료분쟁 조정 등에 관한 법률
182. 산림보호법
183. 소년법
184. 동물보호법
185. 건축물관리법
186. 도시개발법
187. 화물자동차 운수사업법
188. 도시 및 주거환경정비법
189. 의료법
190. 국회법
191. 응급의료에 관한 법률
192. 출입국관리법
193. 노인복지법
194. 산림자원의 조성 및 관리에 관한 법률
195. 청소년 보호법
196. 초 · 중등교육법
197. 혁신도시 조성 및 발전에 관한 특별법
198. 경제자유구역의 지정 및 운영에 관한 특별법
199. 공공기관의 운영에 관한 법률
200. 대한민국헌법
201. 국민기초생활 보장법
202. 저작권법
203. 가사소송법
204. 국가유공자 등 예우 및 지원에 관한 법률
205. 국민체육진흥법
206. 전통주 등의 산업진흥에 관한 법률
207. 재난 및 안전관리 기본법
208. 정보통신공사업법
209. 주식회사 등의 외부감사에 관한 법률
210. 공익사업을 위한 토지 등의 취득 및 보상에 관한 법률
211. 개인정보 보호법
212. 국세기본법
213. 에너지이용 합리화법
214. 감정평가 및 감정평가사에 관한 법률
215. 국가인권위원회법
216. 가맹사업거래의 공정화에 관한 법률
217. 보건의료기본법
218. 산업안전보건법
219. 법무사법
220. 교육공무원법
221. 특허법
222. 민사소송법
223. 아동복지법
224. 전파법
225. 하도급거래 공정화에 관한 법률
226. 기초연금법
227. 사립학교교직원 연금법
228. 직업안정법
229. 장애아동 복지지원법
230. 부동산등기법
231. 자동차손해배상 보장법
232. 철도안전법
233. 항공안전법
234. 전자상거래 등에서의 소비자보호에 관한 법률
235. 독점규제 및 공정거래에 관한 법률
236. 상표법
237. 채무자 회생 및 파산에 관한 법률
238. 공무원연금법
239. 축산법
240. 근로복지기본법
241. 민원 처리에 관한 법률
242. 약사법
243. 방문판매 등에 관한 법률
244. 건축기본법
245. 지방세기본법
246. 지방세징수법
247. 지방자치법
248. 도시교통정비 촉진법
249. 공공주택 특별법
250. 국세징수법
251. 공인노무사법
252. 중대재해 처벌 등에 관한 법률
253. 외무공무원법
254. 소방시설공사업법
255. 검역법
256. 공중위생관리법
257. 할부거래에 관한 법률
258. 인터넷 멀티미디어 방송사업법
259. 전기통신사업법
260. 제품안전기본법
261. 철도사업법
262. 어린이제품 안전 특별법
263. 영유아보육법
264. 원자력안전법
265. 보험업법
266. 경비업법
267. 교통안전법
268. 세무사법
269. 관세사법
270. 공인회계사법
271. 지방공무원법
272. 고용정책 기본법
273. 국가경찰과 자치경찰의 조직 및 운영에 관한 법률
274. 협동조합 기본법
275. 재해구호법
276. 환경보건법

해광출판사 대한민국 법령 시리즈

277. 자살예방 및 생명존중문화 조성을 위한 법률
278. 소방산업의 진흥에 관한 법률
279. 소방기본법
280. 비송사건절차법
281. 자연환경보전법
282. 변호사법
283. 기업구조조정투자회사법
284. 전기통신기본법
285. 에너지법
286. 해양생태계의 보전 및 관리에 관한 법률
287. 사회보장기본법
288. 통신비밀보호법
289. 공증인법
290. 물류시설의 개발 및 운영에 관한 법률
291. 청소년활동 진흥법
292. 형의 집행 및 수용자의 처우에 관한 법률
293. 도시공원 및 녹지 등에 관한 법률
294. 태권도 진흥 및 태권도공원 조성 등에 관한 법률
295. 녹색건축물 조성 지원법
296. 우편법
297. 예금자보호법
298. 건설산업기본법
299. 금융회사의 지배구조에 관한 법률
300. 장애인활동 지원에 관한 법률
301. 언론중재 및 피해구제 등에 관한 법률
302. 국가재정법
303. 농지법
304. 게임산업진흥에 관한 법률
305. 정신건강증진 및 정신질환자 복지서비스 지원에 관한 법률
306. 디자인보호법
307. 의료기사 등에 관한 법률
308. 스마트도시 조성 및 산업진흥 등에 관한 법률
309. 내수면어업법
310. 한국주택금융공사법
311. 의료기기법
312. 유통산업발전법
313. 전통시장 및 상점가 육성을 위한 특별법
314. 여신전문금융업법
315. 해외자원개발 사업법
316. 산업교육진흥 및 산학연협력촉진에 관한 법률
317. 빈집 및 소규모주택 정비에 관한 특례법
318. 기업도시개발 특별법
319. 전력기술관리법
320. 국토기본법
321. 지하수법
322. 식품위생법
323. 광업법
324. 호스피스·완화의료 및 임종과정에 있는 환자의 연명의료결정에 관한 법률
325. 주식·사채 등의 전자등록에 관한 법률
326. 표시·광고의 공정화에 관한 법률
327. 골재채취법
328. 국민건강증진법
329. 새마을금고법
330. 여객자동차 운수사업법
331. 마리나항만의 조성 및 관리 등에 관한 법률
332. 한부모가족지원법
333. 국가를 당사자로 하는 계약에 관한 법률
334. 지방자치단체를 당사자로 하는 계약에 관한 법률
335. 축산물 위생관리법
336. 병역법
337. 음악산업진흥에 관한 법률
338. 국가균형발전 특별법
339. 첨단재생의료 및 첨단바이오의약품 안전 및 지원에 관한 법률
340. 공간정보의 구축 및 관리 등에 관한 법률
341. 공유수면 관리 및 매립에 관한 법률
342. 농수산물 유통 및 가격안정에 관한 법률
343. 아시아문화중심도시 조성에 관한 특별법
344. 신탁법
345. 자연공원법
346. 생활화학제품 및 살생물제의 안전관리에 관한 법률
347. 군인사법
348. 국제조세조정에 관한 법률
349. 낙동강수계 물관리 및 주민지원 등에 관한 법률
350. 주민등록법
351. 집합건물의 소유 및 관리에 관한 법률
352. 집단에너지사업법
353. 산림조합법
354. 반도체집적회로의 배치설계에 관한 법률
355. 자본시장과 금융투자업에 관한 법률
356. 담보부사채신탁법
357. 근로자퇴직급여 보장법
358. 국제과학비즈니스벨트 조성 및 지원에 관한 특별법
359. 수도법
360. 식품 등의 표시·광고에 관한 법률
361. 약관의 규제에 관한 법률
362. 인삼산업법
363. 종자산업법
364. 항공사업법
365. 건설기계관리법
366. 군형법
367. 궤도운송법
368. 기술의 이전 및 사업화 촉진에 관한 법률
369. 농수산물의 원산지 표시 등에 관한 법률
370. 담배사업법
371. 석유 및 석유대체연료 사업법
372. 가축전염병 예방법
373. 농어촌정비법
374. 식물신품종 보호법
375. 항공보안법
376. 중소기업창업 지원법
377. 군사법원법
378. 우주개발 진흥법
379. 해저광물자원 개발법
380. 산림복지 진흥에 관한 법률
381. 지능형 로봇 개발 및 보급 촉진법
382. 헌법재판소법
383. 옥외광고물 등의 관리와 옥외광고산업 진흥에 관한 법률
384. 혈액관리법
385. 국제항해선박 등에 대한 해적행위 피해예방에 관한 법률
386. 유료도로법
387. 독립유공자예우에 관한 법률
388. 신에너지 및 재생에너지 개발·이용·보급 촉진법
389. 신용정보의 이용 및 보호에 관한 법률
390. 출판문화산업 진흥법
391. 공항시설법
392. 국민 평생 직업능력 개발법
393. 아동·청소년의 성보호에 관한 법률
394. 방송법쉬
395. 신용보증기금법
396. 화장품법
397. 청소년 기본법
398. 인터넷주소자원에 관한 법률
399. 양곡관리법
400. 도로명주소법
401. 전자문서 및 전자거래 기본법
402. 산업기술의 유출방지 및 보호에 관한 법률
403. 국가기술자격법
404. 양식산업발전법
405. 산업기술혁신 촉진법
406. 새만금사업 추진 및 지원에 관한 특별법
407. 전자정부법
408. 지역 개발 및 지원에 관한 법률
409. 한국농어촌공사 및 농지관리기금법
410. 계량에 관한 법률
411. 기업활동 규제완화에 관한 특별조치법
412. 군에서의 형의 집행 및 군수용자의 처우에 관한 법률